連邦刑務所《プリズン》から生還した男

FBI囮《おとり》捜査と日本ヤクザ

山平重樹

幻冬舎アウトロー文庫

連邦刑務所《プリズン》から生還した男

FBI囮《おとり》捜査と日本ヤクザ

目次

序章　FBI囮《おとり》捜査の罠

悪夢のはじまり

「Get down《ゲッダン》! Don't《ドン》 fuck'n《ファッキン》 move《ムーヴ》!」

いきなり部屋に乱入してきた屈強な男たちを見て、吉村光男《よしむらみつお》は、いったい何が起きたのか、すぐには理解できなかった。アジア系アメリカ人を先頭に六、七人がドアを蹴破《けやぶ》るようにしてなだれこんできたのだ。

〈何だ、こりゃ……〉

が、男たちが手にしている物を見て、ビールの心地よい酔いもいっぺんに醒《さ》めた。

いずれも拳銃を構え、なかには大きなショットガンを持っている者までいる。

〈こいつら、強盗か!?〉

とっさに思ったものの、初めて訪れたハワイでまさかこんな事態が起きるとは、どうにも信じられなかった。

部屋にいたのは吉村の他に、日本から一緒に来た小峰 某《なにがし》と神田某という二人の知人だった。二人とも顔面蒼白《そうはく》で、両手を頭の上に挙げたまま固まっている。

ワイキキの高級ホテル十八階のスイートルームで突如起きた出来事だった。

乱入者たちは吉村をゆっくりとソファーから立ちあがらせると、一斉に拳銃とショットガンを突きつけてきた。

吉村とて十七歳でヤクザ渡世に入門して、このときまでキャリア二十六年、何度も修羅場を潜《くぐ》り抜けてきたし、死にかけたことも一度ならずあった。新宿・歌舞伎町を歩いていて、呼び止められるやいきなり拳銃で撃たれ、弾《たま》が躰《からだ》をかすめたことさえあった。

だが、さすがにこんな経験は初めてだった。

〈ああ、オレはここで強盗に殺されるんだ。一巻の終わりなんだな〉

と観念せざるを得なかった。

よくこういうとき、人は「頭が真っ白になる」という言い方をするが、それは違うな、と吉村は、のちにこの場面を振り返るたびに思ったものだった。

逆に頭が冴えわたって、死を前にしているという厳とした事実が妙にリアルに迫ってくるだけなのだ。

それでもわけのわからないままに殺されるわけにはいかないから、吉村も、

「てめえらは何なんだ、このヤロー！」

と怒鳴った。日本語が通じなくても、こういう場面での性根のある男の反応は万国共通であるはずだった。

すると、それまで男たちの口からさっぱりわからない英語しか飛び交っていなかったのが、

「私たちはアメリカ合衆国連邦捜査局――ＦＢＩです。あなたを麻薬取締法違反の容疑で逮捕します」

との日本語が初めて聞こえてきた。通訳がいたのだ。

吉村は驚いて、その男に、

「いったい何のことだ。何なんだ、おまえらは？」

と聞き返すと、通訳は再びアクセントのおかしい日本語で、

「いま言ったように、私たちはＦＢＩです。あなたを逮捕します。あなたには黙秘権もあるし、弁護士を呼ぶ権利もあります」

と宣した。なるほど、よく見ると、背中にＦＢＩとプリントした制服を着ている者が何人かいた。しかし、吉村にはまるで身に覚えがないし、狐《きつね》につままれたような話である。強盗でないことはわかったものの、

「ＦＢＩ？　麻薬？　何のことだ？　おい、まさかどっきりカメラじゃないだろうな」

と思わず口にしてしまうほど、現実感がなく、自分のこととは思えなかった。

通訳は部屋から押収したトランクを指さして、

「ほら、ここに覚醒剤《スピード》の現物があります。これを今日、この部屋で、あなたはマフィアと取引しようとしてましたね」

「何だって⁉」

吉村はすぐに思いあたり、さらに不思議に思わざるを得なかった。この連中が部屋に飛びこんできた、あまりのタイミングのよさに、だ。

ＦＢＩの通訳が指摘したトランクは、神田がどこからか持ち運んできたもので、確かに三キロの覚醒剤が入っているという代物だった。

その覚醒剤を前にして、先ほどまで部屋で通訳を含む四人のマフィアと神田、小峰とが何だかんだ交渉し、その席に吉村がいたのも間違いなかった。

だが、吉村にはまったく与《あずか》り知らぬことであった。覚醒剤のことも、マフィアとの取引き云々《うんぬん》のことも、ハワイに来て小峰が勝手にセッティングしたもので、もとより妻を伴っての海外旅行で、そんな危ない話に吉村が乗るはずもなかった。

だいたい日本から一緒に来たといっても、神田という男は吉村にすれば一回会っただけの得体の知れない人間、小峰にしても、若い衆の知人でカタギともヤクザともつかぬ半グレ、あまり知っているわけではなかった。実は、吉村も真相は逮捕されたあとの裁判の過程ですべてわかったことだが、二人はＦＢＩによって端《はな》から吉村を陥れる役割を担わされた男たちであった。

部屋に来た彼らマフィアの正体も、ＦＢＩの囮《おとり》捜査官であり、神田と小峰はその手先――アンダーカバー（潜入捜査官もしくはＦＢＩの民間協力者）だった。吉村はＦＢＩに罠を仕掛けられ、まんまと嵌《は》められたのである。

かくして吉村は一九九三（平成五）年四月一日（ハワイ時間三月三十一日）、ハワイにおいて覚醒剤取引きの現場を押さえられたとして、ＦＢＩに逮捕されたのだった。

囮捜査――というより、不当捜査であり、ＦＢＩが仕掛けた冤罪《えんざい》事件といってよかった。

結局、吉村はその後、アメリカ本土へ移送され、カリフォルニアのＵＳＰ（合衆国最重量刑連邦刑務所）を始め数カ所の連邦刑務所で囹圄《れいご》の身となり（最初はなんと終身刑か四十八年の刑が予想された）、それから十一年間、日本の土を踏むことはままならなかった。

ターゲットにされた日本ヤクザ

吉村が夫人とともにハワイに向けて日本を飛び立ったのは、その二日前、三月三十日のことで、同行した小峰の、

「ハワイで吉村さんに会いたいという人がいる。向こうのファミリーの大物です。ぜひ会ってくれませんか」

という誘いに応じてのものだった。旅行の段どりはすべて小峰が行ない、吉村夫妻の他に、小峰の友人の神田も同行することになった。むろんＦＢＩの意を受けた二人が示しあわせたもので、そのシナリオは一年前から準備が進められていた。

一年前、小峰は女と一緒に三百グラムの覚醒剤を持ちこもうとしてハワイで逮捕されているのだが、その際、捜査官から、

「日本の大物ヤクザを捕まえたい。協力すればおまえたちは減刑してやる。誰かいないか。上手《うま》く誘ってハワイに連れてきてくれ」

と取引きを持ちかけられた。

そのとき、該当するヤクザとして小峰の頭にパッと浮かんだのが、旧知の吉村光男であった。

吉村は極東会という東京に本部のある日本最大のテキヤ組織に所属し、その中核組織ともいえる眞誠会（現・松山連合会）の幹部で、四十を超えたばかりのバリバリの有望株であった。日本一の盛り場である新宿・歌舞伎町を根城にして、二百人とも三百人ともいわれる組織を擁する二代目極新会の会長だった。ＦＢＩのいう、相応の大物組長に違いなかった。

しかも、都合のいいことに、吉村が最近、ちょくちょくグアムやサイパンに遊びに出かけているという情報も、小峰は摑《つか》んでいた。

「よし、それで行こう」

とFBIと、彼らによってアンダーカバーに仕立てられた小峰たちとの間で確認がなされ、ゴーサインが出たのは間違いあるまい。吉村が格好のターゲットにされたわけである。

なにせ、裁判のときには、FBIによって盗撮・盗聴されたビデオテープや写真、録音テープの類が山と提出されたが、そこには吉村たちがハワイに入ってからのものばかりではなく、歌舞伎町の極新会事務所の写真まであったという。どれほど以前からマークされていたかが窺《うかが》えよう。

折しも、日本ヤクザの海外進出が言挙《ことあ》げされ、ハワイや本土西海岸で不動産・観光施設・旅行会社などが買収され、不正資金がマネーロンダリング代わりに投資されている――と盛んに取りざたされている時期でもあった。

また、FBIのセッションズ長官が上院公聴会で、

「日本の暴力団はハワイにおける覚醒剤などの麻薬取引きの九〇%を支配している」

と報告したうえで、FBIの大捜査網が近い将来に何らかの結果を出すと宣言した時期とも重なっていた。いわば、吉村はこうした一連の動きを背景に、日本ヤクザを代表してスケ

ープゴートにされたとの見方も成り立つのだが、彼にすれば、とんだ身の不運というべきだった。

それでなくても、吉村の身辺はこのところ、悪いことが重なっていた。前年（平成四年）五月には、十代のころから苦楽をともにし、一緒に極新会を立ちあげた兄貴分の富岡忠男を肝臓癌《がん》で亡くしていた。極東会の副会長をつとめ、眞誠会三代目桜成会総長という立場にあった富岡は、四十九歳という若さだった。

吉村には痛惜きわまりない兄貴分の死であった。

そして今年に入って、吉村は配下が起こした事件で、警察から指名手配を受ける身となった。

そんな最中、急接近してきたのが小峰で、言葉巧みにハワイ旅行を持ちかけてきたのだった。

これには吉村も、

「それなら行ってみるか。指名手配されてることだし、少しの間、ハワイに身を隠すのもいいかな。ついでに女房にも骨休みさせてやろう」

と軽い気持ちで乗ったのである。

ただし、指名手配中の身で、自分のパスポートは使えないから、舎弟のものに自分の顔写真を貼付した偽造パスポートを使うハメになった。

かくして三月三十日、日本出発となったのだが、あとから考えたら、成田空港で飛行機に乗ったときから様子がおかしかった。

吉村夫妻にはビジネスクラスが用意されており、同行した神田がファーストクラスだったこともあって、席に着くなり、神田が、

「会長、姐《ねえ》さん、座席を間違えましたから、どうかこっちへ来てください」

と席の交換を申し出てきたのだ。

「いや、このままでいいよ」

と吉村夫妻は応じなかったのだが、もし席替えしていれば、もっと状況は変わっていたのではないか――と、吉村はあとで推測したものだ。

三キロとされる覚醒剤はすでに用意されていて、席替えした時点で吉村の荷物の中に紛れこませる手筈になっており、ホノルル空港で逮捕――とのシナリオが書かれていたのではないか、と。

なんとなれば、ホノルル空港へ着くや、いわゆる麻薬犬が吉村夫妻のところへ近づいてきて、捜査官は容易にその犬を夫妻から立ち去らせようとしなかった。

それは誰に対しても行なわれていることなのだろうと、吉村はさして気にも留めなかった

のだが、実はそうではなかった。

現実には空港からＦＢＩがピッチリ吉村一行に張りついて、盗撮を開始していた。

怪しい来訪者たち

小峰が予約したワイキキのホテルにチェックインすると、かなり期待はずれの三流ホテルであったので、

「いや、手違いですいません。すぐに別のホテルを手配しますから」

小峰が恐縮して変更手続きをとった。

次に移ったホテルは、ワイキキの見違えるような超高級ホテルで、しかも吉村夫妻のためにとってくれたのはスイートルームであった。

何のことはない、ＦＢＩが囮捜査でよく使う部屋だった。すでに部屋のあっちこっちにカメラや盗聴機をセットし、隣室では何十人もの捜査員が待機して準備万端、吉村を待ち構えていたのだ。

が、その日、吉村夫妻はＦＢＩにも予想外の行動をとった。

部屋に落ち着く間もなく夫妻は、ホテルに迎えに来た夫人のハワイの友人とともに出かけたのだ。

ＦＢＩにも手違いはあったようで、捜査員たちは尾行していた夫妻の車を見失ってしまった。

それを知った小峰が、あわてた様子でホテルから吉村に電話をかけてきた。

「いま、どこにいるんですか？」

「どこって、日本料理店でメシ食ってるんだよ」

「すぐホテルに帰ってきてください。いろいろと仕事の話もありますから……」

何か切迫した雰囲気だった。予定が少し狂って焦っていたに違いない。まさかハワイに夫人の友人がいるとは思いもよらなかったのだろう。

吉村が夫人を置いてタクシーでホテルに戻ると、小峰が、

「アメリカ本土から大物が、こっちに来てるんです。紹介しますからぜひ会ってください」

と言う。

「何者なんだい、それは」

吉村が気のりしないで答えると、

「そりゃもうマフィアのファミリーのドンですよ。先方も会いたいと言ってるし、会長とは話が合うと思いますよ」

とか何とか盛んに気を引くようなことを言うのだが、

「いや、今日はいいよ」

と吉村が答えると、

「じゃあ、明日、ぜひ会ってください。先方にも伝えてありますから」

小峰はいよいよ早急に仕掛けないとまずいと焦りを感じだしたようで、先手を打ってきた。

マフィアとのアポイントを明日と決めたのだった。

「会長、今晩は面白いところへ案内しますから、ハワイの夜を楽しんでください」

小峰は明日と決まってホッとしたのか、案内人のお決まりの科白《せりふ》を口にした。

その実、この男こそ、地獄への案内人だった。

翌日、約束通り、アメリカ本土のマフィアの大物と称する人物がホテルにやってきた。中国系、韓国系から白人もいて、いずれも口髭《くちひげ》を生やし、堂々たる体軀《たいく》の四人で、うち一人は通訳という。

彼らを迎えて、吉村がテレビを背にしたソファーにすわろうとすると、その前に先方がサッとその席を確保する。テレビにカメラが仕込んであるためとわかったのはあとのことだが、小峰が吉村を、

「このかたは東京で三百人のファミリーの上に君臨するジャパニーズヤクザのボスで、ミスターヨシムラです」

と相手に紹介し、吉村に対しても、

「この人たちはアメリカ本土から来たファミリーのボスで、ミスター某、ミスター……」

と、三人のマフィアをそれぞれ紹介した。

それからおよそ一時間、吉村、小峰とマフィアたちとは通訳を間に挟んで歓談し、大いに会話を楽しんだ。

「ジャパニーズヤクザはすごい。ミスをすれば指を詰めるし、破門とか絶縁といって、ファミリーを追放される掟《おきて》もあると聞いているが、本当か？」

「本当だ。日本のサムライは責任をとって腹を切るし、私らヤクザは指を詰める。それは昔からの作法だ」

「ミスターヨシはロールスロイスに乗ってるらしいじゃないか。たいした羽振りなんだな」

吉村が東京でロールスロイスに乗っていたのは確かだが、知人からの借り物で自分のものではなかった。どうしてそこまで知っているのかはつゆ疑いもしないで、マフィアへの対抗意識もあって、吉村はつい吹きまくった。

「ロールスロイスばかりじゃない。ヨットもあればクルーザーも持っている」

「おお、そいつはすごいな。オレたちもビッグビジネスにとりくんでいて、世界的な大企業も支配下に置いているんだ」

相手も負けじと大きなことを言うので、吉村もさらに輪をかけた大ボラを吹いて、終《しま》いには双方で世界を牛耳ろうじゃないかという話にまでなって盛りあがった。

そのうちに頃あいを見て、マフィア——囮捜査官が、

「どうだ、ミスターヨシ、日本のヤクザは麻薬をやってると聞くが、取引きしたい。オレたちは覚醒剤《スピード》を仕入れたいんだが、何とかならないか」

と持ちかけてきた。これには吉村も少し鼻白んで、

「いや、オレは麻薬なんかやらないよ」

と拒否したとき、まるでタイミングを見計らったようにドアがノックされ、顔を出したのは、ファーストクラスに乗ってきた神田であった。

「持ってきましたよ、見本を」

と言って、神田がドンとテーブルに載せたのは、トランクに入った覚醒剤であった。

目の前の麻薬

吉村は、テーブルに置かれたトランクを見て唖然《あぜん》とするしかなかった。

トランクを開けると、氷砂糖のような結晶の入った小さなビニール袋がいっぱい詰まっていた。

「こりゃ覚醒剤《シャブ》か？」

吉村が訊《たず》ねると、神田は、

「はい、そうです。アイスです」

と平然と答えた。俗称〝アイス〟とも〝スピード〟ともいわれる覚醒剤——クリスタル・メタムフェタミン結晶であった。

〈——いったいこの男は何なんだ？〉

吉村は思わず神田という男の顔をしげしげと見遣《みや》った。部屋をノックした絶妙のタイミングといい、いつのまにかこれだけの麻薬を用意してきた手際の良さといい、舌を巻くというより、呆《あき》れるばかりだった。

なにしろ、この男は、目の前のマフィアが麻薬取引きの話をしだした途端、「見本だ」と言って現物を持って登場してきたのだ。

「これ、どれぐらいあるんだ？」

「三キロです」

「こんなにたくさんのブツを、いったいどっからどうやって持ってきたんだ？」

吉村が呆れ顔のままで神田に訊《き》くのを、隣にすわる小峰が、制するように、

「まあ、会長、それはどうでもいいじゃないですか。それより、とにかくこれが高く売れる

んですよ」

といい、吉村に、手にとってみるように勧めてくる。

吉村はそれを無視して、

「へえ、そんなにいいカネになるのか。どれくらいするんだ？」

「日本円でキロ千三百万ですから、三キロで三千九百万てとこですかね」

「そいつはすげえな。ずいぶんおいしい話じゃないか」

吉村が感心したように言ったが、その実、所詮《しょせん》は他人《ひと》ごと、かつ麻薬の話とあって、ほとんど興味はなかった。

「そりゃモノが違いますからね。純度も違う。まあ、会長、手にとって確かめてみてくださいよ」

小峰が盛んに現物を吉村に触らせようとする。これもあとでわかったことだが、要するにＦＢＩはそこから吉村の指紋を採りたかったのだ。

そんな魂胆があると気づいていたわけではさらさらないのに、吉村が最後までそれに手を触れなかったのは、ちょっとした僥倖《ぎょうこう》に過ぎなかった。

「まあ、オレはいいよ」

吉村はにべもなかった。

するとさっきから吉村たちの遣りとりを興味深げに見守っていた通訳を含む四人のマフィア――ＦＢＩの囮捜査官たちが、ここぞとばかりに身を乗りだしてきた。リーダー格の一人が、

「これはミスターヨシのファミリーが扱っているものなのか？」

と訊ねてきた。

「いや、オレはこれとは一切関係ないんだ」

囮捜査官演じるマフィアは、吉村の答えには少しも耳を貸さずに、

「すごいビジネスをやってるんだな。どうですか、われわれとすればぜひ取引きしたい。これだけといわず、今後十キロでも二十キロでも欲しいんだが、なんとかなりませんか？」

通訳を通して聞くマフィアの言葉に、

「何を言ってるんだ。だから、オレは麻薬はやらないと言ってるだろ」

吉村がすっかり白けて答えるのを、隣から小峰が、

「会長、大丈夫です。任せてください。こんなもん、いくらでも日本から持ってこれますよ」

「おまえ、そんな約束して大丈夫なのか。だいたいこれにしたって、どうやって持ってきたんだ？」

吉村は、麻薬をパンツの中に隠してハワイに入ろうとして捕まった大物芸能人のことを思い浮かべながら、再び同じことを訊いた。三キロもの覚醒剤を日本から何ごともなく持ち運んできたという事実が信じ難かった。

「いやあ、そりゃ絶対大丈夫なんです。私はそのノウハウを知ってますから」

とかなんとか言い、小峰はこの取引きになんとか吉村を一枚噛《か》ませようとするのだが、吉村はいっこうに乗ってこない。

囮捜査官たちも盛んに気を引くことを言って、吉村に誘い水を向けてくる。それでも吉村は関心を示さなかった。

これにはＦＢＩもアンダーカバーも内心で焦りだしたのは確かだった。

吉村も終いには小峰と神田に、

「オレに関係なく、売るなら勝手に売ってカネもらえばいいじゃないか。おいしい話なんだから、そうすりゃいいだろ」

とまで言ったのだが、吉村を抜きにした商談というのはシナリオになかったのだろう、いまひとつ上手くいかず、結局、両者の取引きは不成立に終わった。

マフィアのファミリーのドンならぬ囮捜査官たちは、そそくさと吉村のスイートルームを引きあげていった。

彼らが帰ったあとで、吉村はどうにも釈然としなかった。よく考えてみたら、何かおかしかった。自分にまるで断りもなしに勝手なことをする小峰たちに対して、怒りがこみあげてきたのだ。

「おまえらなあ、それはないだろう。オレは女房と一緒に来てるっていうのに、なんだってそんなヤバい真似をするんだよ」

その日、妻の美代子は昼からハワイの友人のところへ遊びに出かけ、ずっと留守にしていた。それがいかに幸運なことであったか、吉村はあとで痛感することになる。

もし外出せずにそのときも部屋にいたらどうなっていたか。吉村の共犯者とされていたのは火を見るより明らかだったろう。

吉村はベランダに近いソファーにすわってビールを飲みながら、なお小峰を叱った。

「おい、部屋にそんなヤバいブツ持ってきやがって、とんでもねえヤローだ。こっちは骨休みでハワイに来てるっていうのに、このヤロー、何考えてるんだ！」

吉村の叱声に小峰は身を縮こまらせている。

「おい、そんなヤバいブツ、早いとこ捨ててしまえ。トイレに流してしまえよ。いますぐだ！」

吉村の命令に、小峰はハタと困惑した顔になった。

それは吉村の目には、何千万円の値がつく物を失うがゆえの困惑としか映らなかったが、実はそうではなかった。

まさにそのとき、その状況に、同じように困惑し、危機感を抱いている男たちがいた。吉村の部屋の数カ所に隠しカメラと盗聴機を仕掛け、その遣りとりを一部始終見聞きしていた隣室のＦＢＩ捜査官たちだった。

「こりゃ、いかん。いますぐ踏み込まなきゃ手遅れになる！」

「ＯＫ！　レッツゴー！」

手に手にショットガンや拳銃を携えた捜査官たちが、隣の部屋へなだれこんでいったのは、直後のことである。

ＦＢＩの罠

四月一日木曜日の午後三時半ごろ、吉村はワイキキの高級ホテルで、大勢のＦＢＩ捜査官によって麻薬密輸の現行犯で逮捕された。

吉村にすれば、まさかそれがＦＢＩによって一年も前から用意周到に準備された罠とは知るよしもなく、当初は悪い冗談としか思えなかった。

いきなり後ろ手錠を掛けられ、スイートルームのある十八階から一階ロビーへ降りてからも、悪夢のような現実の連続であった。

ＦＢＩは吉村を逮捕したことを誇示するかのように、ホテルの広大な敷地をゆっくりと連れまわした。

そんなときでも、吉村は、

〈あの相撲《すもう》取りはまだそこらへんにいるだろうか〉

と、どうでもいいことが頭に浮かんでくるのが不思議だった。先刻、ＦＢＩに部屋に踏み込まれる直前、バルコニーから下を見おろしたとき、池のほとりに見えた日本の力士の姿を思いだしていたのだ。

ホテル前からパトカーでホノルル警察署へ連行される際も、車の移動はジリジリするほどのろかった。

ホノルル警察へ到着してからも、吉村がおかしいと感じたのは、車を玄関前に付けないで、裏側へとまわったことだった。そこから吉村を降ろし、玄関までの少し長い距離を、昔の市中引きまわしさながらに、またゆっくりと歩かせるのだ。

待ち受けていた全米ネットワークのテレビカメラを始めマスコミのための演出とわかったのはすぐあとのことだが、吉村のピンクのブレザーは嫌でもよく目立った。

かくてＦＢＩによって喧伝《けんでん》された、

「日本のビッグ・マフィア逮捕」

のニュースはハワイはおろか、全米を駆け巡り、日本でも報じられたのだった。

翌二日の『ハワイ報知』では、

《「極真会」理事長を逮捕》

《アイス２キロ持ち込む》

の見出しが躍り、次のリードが、

《ヤクザ（広域暴力団）のボスが、組員二人と共に、麻薬密輸でＦＢＩにより一日逮捕された。今回逮捕されたのは、ＦＢＩの隠密麻薬システムにひっかかり、メタムフェタミン結晶２キロ、約４００万ドル相当をハワイに持ち込み、ＦＢＩ局員に売り込み交渉を始めた、極真会理事長で、暴力団ボスのヨシムラ・ミツオ（42）と、組員コミネ某（31）、カンダ某（47）の三人》

と続いて、本文ではこう報じられている。

《ＦＢＩの組織犯罪並びに麻薬部門のホノルル責任者によると、ヨシムラは極真会のボスであり、その傘下には、東京で九つの小グループがあると述べた。

同氏は、今回の逮捕に至ったケースでは、数カ月前から捜査段階に入っていたと述べたが、ヤクザの国際的犯罪活動に重点を置いた捜査は二年も前から始まっていると語った。

逮捕された三人は、二日連邦地裁に出頭、予審判事に罪状認否を行う。起訴理由としては、メタムフェタミン結晶を、意図的・意識的に輸入し、これを販売しようと謀議したということになる。もし有罪になれば終身刑が科せられる。

スターン氏（注・FBI）によると、ヨシムラは、例えば、ホソカワ・ツカサなどの変名をいくつか使用しており、またいくつか異なった身分証明書を所持していた。

逮捕に至る経過としてはスターン氏の説明によると次のようになる。

ヨシムラたちは、時価480万ドルのメタムフェタミン2キロを、ホノルルの未見の〝買い手〟に届けることになっていたが、その買い手は、FBI局員だったというわけだった。

FBI隠密組織は、日本側に接触、20キロのメタムフェタミン結晶購入の希望を伝えていたが、そのうちの2キロを持ってヨシムラたちがハワイ入りした。

昨年十月、FBIの隠密作戦で400グラムのアイスを押収、運搬人を逮捕したときと同じホテルで、一日午後三時半頃ヨシムラたちは逮捕された》

二代目極新会会長が極真会理事長となっているのは御愛嬌としても、吉村を嵌めたアンダーカバーの二人がいつのまにか組員とされ、吉村が三キロならぬ二キロの麻薬密輸の主謀者ということになってしまっているのだから、出鱈目《でたらめ》もここに極まれりであった。吉村の故郷の山口弁なら、さしずめ「ワヤ」というところだった。

もとより吉村にはまったく身に覚えのないこととして、罪状認否においても無罪を申し立てたのはいうまでもない。

吉村は二日、ホノルル警察からハラワ拘置所へと移送されたが、そこは地獄のはじまりでもあった。

吉村がいきなり入れられたのは独居房《ホール》、その実、日本の刑務所でいう懲罰房であった。それから三日後の月曜日まで弁護士にも会わせてもらえず、靴も取りあげられたままだった。舎房に置かれたコンクリートのベッドにはマットが一枚あるだけで、枕もなかった。

妻の美代子の面会もなかったことから、

〈ああ、彼女も逮捕されたのかも知れないなあ〉

と心配したものだが、実は彼女が面会を申し入れてもＦＢＩが許してくれなかっただけの話だった。

吉村とすれば、アメリカという国のシステムがこんなものなんだろう――と思うしかなかったが、実際はアメリカの拘置所は日本よりはるかに自由であるとはのちに知ることになる。

要は、無罪を主張する日本のヤクザに対する嫌がらせであるのは明白であった。英語も喋《しゃべ》れず、右も左もわからぬ吉村に徹底的にプレッシャーをかけ、精神的に追いこんで落としてしまおうという魂胆が見えすいていた。

さすがに豪胆で鳴る、新宿で売り出し中の男も、その夜は異国の獄中で、トイレットペーパーを枕にまんじりともできなかった。

闘いのはじまり

その日の夕方、友人とのショッピングを終え、ホテルに帰ってきた吉村美代子はエレベーターで十八階にあがるなり、いつもと違う物々しい雰囲気に驚かされた。

フロアー全体がＦＢＩで貸し切り状態になっているのだ。部屋のドアは開け放たれ、室内にも大勢の捜査官が詰めていた。

椅子にすわっていた偉いさんらしき者が、部屋に入ってきた美代子に気づいて立ちあがり、

「ミセス吉村ですね。先ほど御主人を逮捕しました」

と通訳を通して告げた。

「えっ!?」

美代子は絶句するしかなかった。ショックより先に、わけがわからないから、

「どうしてですか？」

と訊ねると、

「ご存じないんですか。麻薬を所持し密売しようとしていた容疑です」

との答えが返ってきたが、さっぱりわけがわからなかった。

日本から一緒に来た小峰と神田も、同様の容疑で逮捕されたという。そのため、同じホテルに別の部屋を借りていた小峰の韓国人妻のヘジも、美代子の部屋にやってきていた。

美代子が知っていたのは、今日、ホテルの部屋に吉村を訪ねてくる客があったということ、それは小峰の紹介によるもので、彼がセッティングしたもの——ということぐらいだった。

それが麻薬の取引きであったなどということは、夫を誰よりも知る身とすれば、まず考えられなかった。

やがてFBIの捜査官たちは、美代子とヘジに対して任意同行を求めることもなく、

「明日、御主人に会わせますから、FBIの事務所に来てください」

と伝えて引きあげていった。

その夜、美代子は、

〈いったいどうしたんだろう？　何があったんだろう？〉

と夫の身を案ずるあまり、一睡もできず、何も喉を通らなかった。

が、確かにそれは一晩で一挙に五キロも痩《や》せるほどショックではあったが、彼女が他の者と違っていたのは、ただ落ちこむばかりではなく、

「これは絶対おかしい！」

と逆にファイトを燃やし、闘おうとするタイプの女であったことだ。

ともかくどんなことでもいいから、いったい夫の身に何が起きたのか、本当のことを知りたかった。

何かを知っているはずの小峰の妻ヘジに訊いても、何も知らないという。それどころか、夫がともに逮捕されたので、二部屋を一部屋にしてもらい、美代子と一緒の部屋になるや、彼女はトイレ以外、一分一秒たりとも美代子から離れようとしなかった。それがまるで監視しているような感じなのだ。メイドを呼ぶ際なども、美代子がどれだけ英語を話せるのか、確かめているようなフシさえ見られた。

小峰がアンダーカバーであり、夫を嵌めた張本人であるとは知るよしもない美代子に、にわかに疑念が湧いてきた最初であった。

ともあれ、夫と面会する前に、どうしたら事件の本当のことを知ることができるのだろうか。

ヘジは教えてくれないし、むろんハワイの警察もＦＢＩも真実を教えてくれるはずがなかった。

いったいどうしたらいいだろうか――と考えたとき、美代子がハタと思いあたったのは、日本でもニュースが報じられ、吉村のことを親身になって案じてくれているであろう、極新会関係者であった。

〈そうだ。昌《しょう》さんに電話して聞いてみよう〉

真っ先に思い浮かべたのは、吉村の舎弟にあたる昌国雄《くにお》のことだった。

部屋から電話したのでは盗聴されるということがわかっていたので、公衆電話からかけることにした。まだ携帯電話が普及していなかった時代である。

ドルを二十五セントコインに山ほど換えると、美代子はヘジが寝入ったのを確かめて部屋を出た。

ハワイと日本の時差は十九時間。ハワイの夜中の一時は、日本では十九時間後の当日の夜八時にあたった。

ホテルの公衆電話から国際電話がつながって、先方には昌が出た。

昌は当然ながらハワイのニュースを知っていて、

「姐さん、大変だったですね。兄貴は大丈夫ですか。とんだことになりましたね。でも、姐さん、気をしっかり持ってくださいよ」

と心から吉村のことを心配してくれており、事件のおおよそのことも摑んでいる様子だった。

「覚醒剤云々というのは、小峰と神田が持ちこんだもので、兄貴はまったく関知してないはずです。囮捜査ですからね。もしかしたら、ＦＢＩが小峰と神田を使って仕組んだものかも知れません。兄貴は嵌められたんですよ。小峰と神田なんてヤクザでも何でもない、半グレですからね。こんな者らを捕まえたって、ＦＢＩは勲章にも何にもならない。そこで兄貴が狙いうちにされたのかもわかりませんね」

いろいろと調べてくれたらしい昌の言葉は、美代子にもいちいちうなずけるものがあった。そのうちに感情が高ぶってきて、顔が涙でグシャグシャになってくる。

〈夫とともにどこまでも闘おう！〉

美代子は決意した。が、彼女が闘おうとしている相手は、日本の国家権力以上に強大な敵であった。

第一章　司法取引という決断

五日後の面会

吉村の逮捕後、夫妻が初めて顔をあわせ話をすることができたのは、思わぬ受難から五日後のことだった。

ようやく夫との面会が叶い、美代子はホノルルから車で約一時間、山の中腹にあるハラワ拘置所を訪れたのだ。

妻とはたった五日間かそこら会わなかっただけなのに、吉村にすればまるで一年も会っていなかったような感があった。

身に覚えのない罪を被《かぶ》せられ、勝手わからぬ異国の拘置所の独居房《ホール》に入れられ、妻はもとより、知った者誰一人会えなければ話もできない五日間であったのだから無理なかった。

何のことはない、アメリカでは、留置場であろうと拘置所や刑務所であろうと、面会はおろか、中から誰にでも電話をかけられる、とはあとで知ったことだった。

そんなことはつゆ知らず、美代子とやっと面会できた吉村は、わずか五日ぶりなのに、あまりの懐かしさ、安堵《あんど》感、うれしさに思わず涙ぐんでしまった。

それは美代子とて同じだった。二人ともろくろく食事もとらず、寝てもいなかったから窶《やつ》れはて、目の下に隈《くま》ができていた。

と同時に、美代子は面会室に入ったときから、微妙な違和感を感じとっていた。いつもは大勢の面会者で埋まるという面会室に、夫とたった二人きりにされているのだ。

ガラスの仕切り越しに吉村と対面し、電話で話すことになるのだが、左側のほうでは、捜査官がヘッドホンをつけて二人の会話を盗聴しようとしているのがすぐに目についた。あまつさえ、スモークガラス越しにその捜査官と目があってしまった。

妻と会うなり、吉村は身の不運を嘆いた。

「いったいどうなってるんだ？　こんなことがあっていいのか!?」

吉村は、自分の置かれている状況がいまだによくわからなかった。

日本の友人の社長が雇ってくれたピーター・ウォルフという弁護士にしても、吉村に対して、

「勝つ。絶対に勝ちますから、無罪を主張しなさい。私はミスター織田のときも勝ちました。ともかく私に任せなさい。事件のことは誰にも喋らず、一切口を噤《つぐ》んでください」

と言うだけで、今度の事件がＦＢＩによって仕組まれた囮捜査と指摘するでもなかった。

ここでピーター・ウォルフのいう「ミスター織田」とは、四代目山口組の直参組長だった織田譲二を指していた。

実はこのピーター・ウォルフ、八年前の昭和六十年九月四日、織田や四代目山口組組長竹中正久の実弟で竹中組相談役の竹中正らが、同じようにハワイでＦＢＩの囮捜査によって麻薬・銃器密輸などの容疑で逮捕された事件で、竹中の弁護士をつとめた男だった。織田、竹中とどとも完全無罪となった事件として知られていた。

今回、吉村に振りかかった事件も、その本質は、その織田、竹中の囮捜査事件とほとんど同じ性格のものであった。もし、吉村が八年前のハワイ事件に注意を払い、きっちりその内容を把握していたなら、自分の遭遇した事件も、

「あ、同じじゃないか」

とすぐにピンと来たであろう。

だが、残念なことに、むろんセンセーショナルな事件としてハワイ事件を記憶してはいたが、それ以上のことは掴んでいなかった。後日、マスコミに発表された織田譲二の手記も、山口組元顧問弁護士の山之内幸夫によるドキュメント『山口組太平洋捕物帳　実録ハワイ事件・ふたりの極道』（一九八九年、徳間書店）も読んでいなかった。

仮に知っていたとしても、同じことが自分の身に降りかかるとはいったい誰が想像し得ただろうか。

日本へ電話をかけ、吉村の舎弟である極新会幹部の昌国雄から情報を仕入れ、事件のあらましを知った美代子にしても、まだ半信半疑だった。ＦＢＩの手先をつとめた小峰や神田によって夫が嵌められたとは、いまだ納得できずにいた。

だから面会するなり、吉村に、

「なんでオレはこんなことになったんだ⁉」

と問われても、

「小峰が怪しいと思う」

としか答えられなかった。

事件のことは吉村にあまり話さないほうがいいという、弁護士——というより、日系通訳のスミス・ヨーコのアドバイスもあって、美代子は言葉少なになった。

が、それだけで吉村には思いあたるフシがあるようであった。

考えてみれば、今度のハワイ旅行は何から何まで小峰のお膳立てだった。偽パスポートも小峰がつくってくれたものだし、ハワイのバカンスに誘ったのも、

「むこうのマフィアのファミリーのドンに会ってくれませんか」

かった。
「お借りしていた一千万円をハワイでお返しします。むこうで都合がつくんです」
という理由もあった。吉村が小峰に一千万円貸していたのは事実だった。
ハワイで捕まってからも、警察署や法廷でも彼らとずっと別々にされるというのもおかし
かった。
「そうだったのか。……あのヤロー、ぶっ殺してやる！」
吉村がうめいた。
盗聴中のＦＢＩにすれば、ニンマリせずにはおけないお誂《あつら》え向きの科白であった。見ろ、
これこそ凶悪なジャパニーズ・マフィアのボスの動かぬ証拠じゃないか――というわけだ。
「あなた、落ち着いて。いまは弁護士に任せて、弁護士の言う通りにして。事件のことは一
切獄中なんかで話しちゃダメだし、近づいて来る者はみんな忍者だから注意してください」
美代子は夫をなだめ、スミス・ヨーコから受けたアドバイスをそのまま伝えた。忍者とい
うのは、スパイ――アンダーカバーのことだった。
「うん、わかった。けど、おまえ、同じ日本人がこんなふうにして日本人を騙《だま》すなんてこと
があっていいのか」
吉村は歯噛みして口惜《くや》しがった。

でっちあげ包囲網

ＦＢＩに逮捕された吉村の容疑は、覚醒剤密輸の他に、パスポート偽造や拳銃密輸など四件ほどついていた。拳銃というのも、やはり覚醒剤同様、ファミリーのドンと称して吉村の宿泊するホテルのスイートルームを訪ねてきた囮捜査官たちによって、勝手にでっちあげられたものだった。

彼らと三、四時間にもわたっていろんな雑談をするうちに、そのなかの二人が、

「ヨシ、どうだ、オレたちの拳銃を見てみないか」

とやおら拳銃を取りだして見せるのだ。

ＦＢＩなのだから拳銃を常時携帯しているのは当然で、そうとは知らない吉村は、

〈へえー、アメリカのマフィアってのはすごいな。いつもこんないい拳銃を持ち歩いているのか〉

と感心しきりで、

「こいつはいい拳銃だな」

とつい手にとって唸《うな》ってしまった。

囮捜査官はテーブルの上に他にも何丁もの拳銃を置いて、

「こんなの何十丁でも手に入る。オレたちはそういうビジネスはお手のものなんだ。ヨシにも送ってやるよ」

と請けあった。

「そりゃ、いいビジネスだな。拳銃はどれぐらいするんだい？」

吉村が訊くと、

「三百ドルから五百ドルってところで売ってるけど、四百ぐらいでどうかな。欲しけりゃ船で運んでやるから、その代わり、ヨシの覚醒剤、船でいっぱい運んできてくれよ」

と話がだんだん大きくなっていった。

吉村にすれば、ほとんどたわいない与太話として聞いていたのだが、こんな遣りとりもすべてＦＢＩによって隠しカメラで撮られ、彼らはそのテープを裁判で出してきた。

裁判といえば、予備審問（予審）のとき、吉村が被告人席にすわらされているのに、小峰と神田は陪審員席にすわり、検事から、

「今回の覚醒剤密輸事件における、君たちのボスは誰か？」

と訊かれ、二人はサッと吉村を指さすのだった。

「彼の名前を言いなさい」

「吉村会長です」

「会長というのは何か？」

「マフィアのボスと同じです」

これには吉村も、怒りよりも呆然とし、

〈やっぱりオレはまんまとこいつらに嵌められたってことなんだな〉

との思いを新たにせずにはいられなかった。

吉村がハラワで日本でいう懲罰房に等しい独居房から一般の雑居房へ移されたのは、二週間経《た》ったときのことだった。

たまたま弁護士から、

「拘置所の中の生活は大丈夫ですか？」

と訊かれて、

「ああ、快適だ。監視塔のすぐ近くの独居房に入れられ、ショットガンを持った監視人の姿がいつも間近に迫って見えてくる。枕もなければ、靴もないから裸足で運動してるよ」

と皮肉をこめて実状を訴えたところ、

「それは本当か？」

弁護士が驚いて抗議した結果の処置だった。

そんな独居房時代、ある黒人の看守が見かねて、

「ヨシ、ここでは外へ電話もできるんだぞ。おまえはイカサマにかかったんだ。嵌められたんだよ。アメリカ合衆国はみんな平等なんだから、ここでのシステムを覚えたほうがいいよ」

と言ってくれたものだが、それは吉村にとって、地獄で触れる唯一の灯りといってよかった。

その一方で、美代子が話した〝忍者〟――ＦＢＩのアンダーカバーと覚しき連中が次から次と近づいてきた。

ハワイに寺院のある浄土真宗の坊さんから某慈善団体や婦人団体、なんとかを救う日本人なんとかの会……吉村にすれば、藁《わら》にもすがる思いで、そうした日系人たちと面会室で会うのだが、

「あなたは無罪です。私たちが支援しますから、一緒に闘いましょう」

と言ってくれる者は誰一人いなかった。

刑務所の教誨師《きょうかいし》でもある浄土真宗の住職などは、

「私は移民の二世ですが、ハワイに生きる日本人として誇りを持っています。今回の事件、あなたは罪を認めなければいけません。ちゃんと認めて政府に謝ってください」

と言うから、吉村は気色《けしき》ばみ、

「冗談じゃない。いったい何を認めりゃいいんだ。やってもいないことを認めろっていうのか⁉」

と喧嘩腰になってしまった。

魂の安寧を教え諭してくれるはずの坊主が、その実、政府側のアンダーカバーとして、吉村を地獄へ突き落とす使者でしかないのだから、話にならなかった。

そんななか、吉村の唯一の救いが、美代子の存在だった。

が、美代子もまた、ハワイへ来て以来、受難の日々を送っていた。

夫が逮捕され、六日後の四月七日には、前科があることを隠して入国したとされ、イミグレーションから呼びだされ、査証偽造容疑で逮捕されているのだ。

前科というのは、かつて夫が日本で銃刀法違反で警察に捕まったとき、美代子も同容疑で逮捕され、二十日間拘留されて罰金刑になったという事件を指していた。前科には当たらないものを前科とされたのだった。

結局、ハワイでは一晩拘留されたうえで百万円の保釈金を払って釈放されたのだが、美代子もまた、FBIによって麻薬犯行グループの一員とされ、マスコミに報じられた。

〝忍者〟は美代子にもひたひたと近づいてきた。一人で公園に行ってベンチにすわっていると、すぐ横に来て、

「何か困っていることはないですか？」

と日本語で話しかけてくる白人がいたり、レストランでひょいと隣に目を遣《や》ると、美代子の会話を録《と》るために露骨にテープをまわしている男がいる。

つねに尾行がつき、美代子の行くところ行くところで、そうした輩《やから》が目についた。

事件を知って、何か力になれれば、と急遽《きゅうきょ》日本からハワイにやってきた吉村の知人など、美代子と行動をともにするうちに、絶えざる尾行・監視がつくことにそら恐ろしくなったのか、逃げるようにして日本に帰ってしまう有様だった。

美代子にしても、誰もがＦＢＩのスパイに見えてきて、ハワイではすっかり人間が信用できなくなった。

それでもどこまでも夫とともに闘う覚悟を決めた以上、逃げ帰るわけにはいかない美代子は、誰にも頼らず、すべて女手一つで処理しなければならなかった。

ホテルを引き払い、長期滞在用のコンドミニアムを探して契約するのも、英語の喋れない美代子がまずもってやらねばならないことだった。

不思議なことに、それまで英語とはまったく無縁で暮らしてきて、ハワイへ来てわずか十日ほどしか経っていないのに、ペラペラと英語を自由に駆使できるのには、彼女自身が奇蹟《きせき》を見たようにびっくりした。

〈まるで英語の神様が私についたようだわ。人間、死ぬか生きるかという瀬戸際に追いつめられると、なんでもできるもんなんだ〉

と思わざるを得なかった。

美代子にとって、自分の英語が充分相手に通じてコンドミニアムの部屋を契約できたのは、ちょっとした感動であった。

夫とともに長い困難な闘いに挑むにあたって、それは幸先のよい証《あか》しのようにも思われた。

悪夢の終身刑

「――四十八年⁉　終身刑《ライフ》だって⁉」

吉村が思わず美代子に向かって声を荒らげた。面会所という場所柄ゆえに、怒鳴りたくなるのを堪《こら》えたのだが、あまりのことに目が眩《くら》む思いがした。

吉村の麻薬取締法違反容疑が有罪となれば、アメリカの法律では刑期四十八年、ヘタすれば終身刑もありうるというのだ。

美代子の口から飛び出した仰天するような数字に、吉村は、

「いったい誰がそう言ってるんだ？」

と、つい妻に訊かずにはいられなかった。

「ヨーコさんが電話でそっと教えてくれたんです」

ヨーコというのは、今回、吉村の弁護人となったピーター・ウォルフの通訳をつとめる日系女性、スミス・ヨーコのことだった。誰も信じられず、頼ることもできないハワイで、美代子が唯一最後まで信じ頼った女性であった。

「嵌められて終身、もしくは四十八年行くっていうのか……そんなバカな話ってあるか……」

吉村は事の不条理さに愕然《がくぜん》とし、すべては性質《たち》の悪い冗談、悪夢としか思えなかった。

だが、それは地元の日系紙も、《裁判の結果有罪となれば終身刑の可能性も》と伝えているように、現実以外の何ものでもなかった。

弁護士のピーター・ウォルフも、FBIが隠し録りした膨大なビデオやテープを検事とともに検討し、討議した結果として、

「検事とも話したけど、君のガイドライン、最低でも四十八年は行くだろうし、ライフ（終身刑）まであるかも知れない」

と言いだす始末だった。

アメリカの連邦地方裁判所では、犯罪によって量刑ガイドラインが決まっていて、有罪となれば、それに従って刑が下されるのだった。ちょうど新法ができたばかりの時期で、

覚醒剤《アイス》の量刑が他の麻薬以上にグンと重くなっていた。加えて吉村の場合、ジャパニーズ・マフィアであると認定されたうえに、今度の件も六人の犯行グループのボスと見なされ、なおさら重い量刑になるのだという。

吉村にすれば、今回の事件は、そもそも覚醒剤自体、藪《やぶ》から棒に目の前にドンと置かれた代物であり、まったく与り知らないものだった。その出所さえ不明で、吉村が持ちこんでもいなければ、触ってもいなかった。

ところが、検察側の言い分は、

「いくら与り知らぬ代物といっても、一般人であれば、覚醒剤を見たら警察に通報するのは当たり前。それをしなかったのは取引きする意思があったのだろう」

という無茶苦茶な論理だった。

裁判で検事からそのことを言われたとき、吉村は呆れる思いで、

「警察に通報？　それ、オレ、できますか？　オレはヤクザですよ」

と答えていた。警察への通報——密告というのは、ヤクザ用語で〝チンコロ〟といい、ヤクザにとって最も恥ずべき行為とされていた。

吉村の裁判が開かれたホノルル地方裁判所法廷は、ダウンタウンの海岸に近い連邦ビル四階にあり、天井が高く威圧感があって、最初足を踏みいれたときは、吉村もさすがに緊張感

を覚えたものだった。

その名もアハクポナ法廷といい、〝正義の場〟という意味だった。だが、吉村にすれば、正義の場どころか、とんだ茶番劇もいいところで、そこは悪夢の場であり、陥《おとしい》れられた場であった。

吉村があまりのバカバカしさに笑えてきたのは、検事が吉村のことを、殿様を顎《あご》で使えるほどの権力を持ったジャパニーズ・マフィアのボスであると指摘したときのことだ。

殿様というのは、どうやらいまや日本でも時代劇にしか出てこない、例のお城に住んで大勢の家来にかしずかれるチョンマゲを結った殿様のことらしかった。

何を言いだすのかと思って聞いていると、ハワイに到着した初日、吉村がホテルからかけた電話の内容――ＦＢＩが盗聴したテープを基にしてそう決めつけているようだった。

初日の夜遅く、外出からホテルへ帰ってきた吉村は、酒も入っていたのでいい気持ちで日本に何本か国際電話をかけた。そのうちの一本が、自分が会長をつとめる新宿の二代目極新会本部で、応対したのは、事務所当番の殿村という男だった。

「おっ、殿か。どうだ、変わりないか？」

吉村は普段から、その相手を「殿」と呼んでいた。

「はい、変わりありません」

「うん、そうか、しっかりやれよ」

「はい、お疲れです」

この殿村が、偉い殿様になってしまっているのだから、大笑いだった。

連邦検察側の日本及びヤクザに対する認識度が、所詮この程度のお粗末さなのだから話にならなかった。

弁護士のピーター・ウォルフにしても、いかに裁判闘争に勝利して吉村を無罪にするかということよりも、いかに吉村からカネを引っ張るかということに頭を巡らすほうが忙しい御仁としか思えなかった。

なにしろ弁護料が一時間で三百ドル、吉村の場合、勝手知らない異国の地で弁護士との接見時間が他の被告以上に長くかかるのは当然であった。そうすると、やたらとカネばかりがかかる結果となった。

その割にはこの弁護士、どう見ても米政府寄りで、吉村のために尽力してくれているとは到底感じられなかった。八年前のハワイ事件の山口組直参織田組組長織田譲二の弁護人として、日の丸の鉢巻きを締めて法廷に臨むパフォーマンスを見せた男も、吉村にはまるで頼りにならなかった。

結局、吉村がスミス・ヨーコの助言を受けいれて、このピーター・ウォルフを解任したのは二カ月ほど経ったときのことである。かかった費用はざっと四千万円近かった。

検察の策略

囮捜査によって日本のヤクザの大物を罠にかけた同じような事件であっても、八年前の山口組のハワイ事件と今回の吉村の事件とが決定的に違っていたのは、前者では囮が麻薬の現物を用意できなかったことであろう。ＦＢＩが囮を使って香港からハワイに運びこませようとして失敗しているのだ。

なおかつ証人に立つアンダーカバーの連中の質も悪く、甚だ陪審員の心証を悪くしたようだ。どう見ても被告人であるヤクザの竹中や織田のほうが、品性や知性のうえでも証人たちより勝っており、どっちが犯罪者かわからなかった。無罪となったゆえんであろう。

そうした失敗を教訓として、ＦＢＩは今回はまず三キロの覚醒剤をハワイに持ちこませ、その現物の前に嵌めるターゲットの吉村を立たせることに成功したのだった。

そのうえで、マスコミを使って、吉村という日本ヤクザのボスがいかに大物で凶悪かということを喧伝《けんでん》させた。

全米のテレビニュースで流れた吉村が捕まったときの映像は、のちに当の吉村が見てさえ、いかにも悪そうな顔に映っていたものだ。

また、吉村らと一緒にハワイに来て、覚醒剤を運んだとされる神田という男は、たまたま十六歳の娘を連れてきていた。

それが日系紙によって、お涙頂戴の人情話に仕立てられると同時に、吉村に対しては、《十六歳のいたいけな娘をも麻薬の運び屋に利用する極悪非道なヤクザのボス》
というストーリーがつくりあげられていた。

件《くだん》の小峰が証人としてホノルル連邦地方裁判所法廷に出廷したときも、吉村を指して、

「彼は日本のヤクザの会長——ボスだ。私は大変怖い」

と証言したものだから、いままでのいきさつもあって、吉村はつい頭に血が上って、

「このヤロー、何を言ってやがる！　みんな、てめえが仕組んだことだったんだな⁉　絶対許さねえ！　ぶっ殺してやる！」

とぶちまけてしまった。

検察側とすれば、まさに吉村のそうした啖呵《たんか》を引きだすために、仕向けようとして小峰を法廷へ連れてきたのだ。検察側の策略はまんまと当たり、吉村はまんまとひっかかってしまったわけである。

一方、それを言わせてしまう吉村の弁護士もまた、吉村の味方ではなく政府側の人間であることを自ら証明したようなものだった。

すでに弁護人もピーター・ウォルフではなく、二人目となるコシバという日系弁護士に代わっていた。かつて勝新太郎がパンツにコカインを入れてハワイに持ちこもうとして捕まったとき、その事件の弁護人となった男でもあった。

吉村にすれば、コシバもまた前のピーター同様、あまり頼りになりそうもない、代わりばえがしない弁護士でしかなかった。

これもあとでわかったことだが、公判の際、法廷にテレビカメラを入れたのも、ピーター、コシバによってなされたことだった。むろん、それは被告人の人権に関わることで、吉村の許可なくしてできることではなかった。が、二人とも吉村の承諾なしにうやむやのうちに既成事実をつくってしまっていた。

吉村にすれば、「何でもあり」のアメリカでは、そんなこともごく当たり前に行なわれていることだと思っていた。

だから、最初に法廷にテレビカメラが入ったとき、裁判官が、

「カメラは許可しているのか？　吉村の許可はとったのか？」

と言っているということを通訳から聞いても、吉村には「はあ？」といまひとつ何のことかわからなかった。

つまりテレビカメラを入れたのは政府のデモンストレーションとして、ついにアメリカは

ジャパニーズ・ビッグマフィアを捕まえ、ギルティ（有罪）にしたということを大々的に世間にアピールするためだった。そういう意味では、カメラを入れて人権無視に加担したピーター、コシバも、まさしく政府側の人間に違いなかった。

それでなくても、吉村にすれば、ピーターもコシバも、

「取調べの検事と今日、これこれこういうふうに談判してきましたから、カネを……」

と二言目にはカネの話になって、吉村からカネを絞りとることしか頭にないような弁護士で、とても使えそうになかった。

さて、まんまと検察側の策略に嵌まって、法廷で証人の小峰を罵倒してしまった吉村に対し、裁判官は、

「分離します。被告をロスへ移します」

と宣告し、吉村はハワイからロサンゼルス連邦拘置所へ移送されることになった。

民間飛行機で護送されながら、吉村には、なぜロスなのか、その意味さえわからなかった。手錠のまま飛行機の一番うしろの座席にすわらされ、二人のＦＢＩ捜査官が付く空の旅は、快適であるわけがなかった。

いったいこれからどうなるのか、まったく先が見えない不安の真《ま》っ只中《ただなか》での空の旅であったが、

「あなたが吉村さん？」

日系の美人キャビンアテンダントが、日本語で話しかけてきた。

吉村がうなずくと、

「あなたはアメリカではものすごく有名なんですよ」

「何が有名なんだ」

「知らないの？　空港でもあなたが来るたびにカメラがあっちこっち付いてまわってますよ」

「オレは見てないな」

そんな話をしながら、キャビンアテンダントがチキン弁当を二つもくれるので、吉村はうれしかった。ほんのひとときだけでも、現実を忘れさせてくれるささやかな喜びをもたらしてくれた彼女に感謝したかった。

進まぬ裁判

ロス連邦拘置所でも、吉村は独居房に拘留された。結局、ロスへ一カ月間も留め置かれた末に再びハワイに戻され、その後も双方の地を往復することになるのだが、それも当局の嫌がらせとしか考えられなかった。

吉村は苦境のどん底のなかでも決して絶望しなかった。拘置所は高層ビルの中にあり、独居房の窓から見えるロスの夜景はとてもきれいだった。ロスの駅がすぐ目と鼻の先にあって、拘置所は繁華街のど真ん中にあるらしく、毎夜パトカーの音ばかりか、銃撃戦とも覚しき銃声まで聞こえてくる。

連日、ギャングも入所してきて、まったく退屈しないところだった。

どんな逆境に置かれようと、そのなかから楽しみを見いだしてしまう吉村は、やはりタフであった。

吉村を苛《か》酷《こく》な状況に追いやって、精神的に追いつめ潰してしまおうという当局の狙いがあったとしたら、その目論見《もくろみ》は必ずしも成功しなかったといえる。

ともあれ、吉村の裁判は遅々として進まなかった。どんなマフィアの裁判でも普通は二週間で終わるのに、吉村のそれは三カ月、四カ月と経過し、やがて半年に及ぼうかとしていた。

ハワイにいれば季節感は感じられなかったが、時は一九九三年の秋、日本では間もなく紅葉の季節を迎える時期であった。

この年一九九三年――平成五年という年は、吉村の所属する極東会においても、大いなる激動の年であり、大転換期を迎えようとしていた。

五月二十八日、前年三月に施行された「暴対法（暴力団対策法）」による極東会に対する聴聞会が行なわれ、約二カ月後、極東会は「指定暴力団」に認定されたのである。

警視庁における聴聞会の席上、被聴聞者として出席した極東会幹部は、

「会長松山眞一は、国家で定める法律に従うことは日本国民として当たり前のことで、会長始め会員全員、この点に対しても謙虚に受けとめ、反省すべき点は反省する……」

と述べている。会長松山眞一の暴対法に対する姿勢が如実に表われた言葉であった。

同年七月には、極東会と五代目山口組三代目山健組との間で抗争が勃発、北海道からあがった火の手は次々に飛び火して、またたく間に列島を縦断した。抗争拡大が懸念されたが、関係者の奔走が実を結んで早期終結へと至っている。この〝山極抗争〟は暴対法施行後、初めての大規模な抗争としてその行方が注目されたものだ。

そして十月十三日、神農界における〝世紀の盃ごと〟が執り行なわれた。

極東櫻井一家関口五代目継承式典である。

極東櫻井一家関口の名跡は、「極東」の名づけ親であり、極東の中興の祖として知られる関口愛治を初代とし、二代目山口城司～三代目小林荘八～四代目田中春雄と続く譜で、この五代目を継承した親分こそ、松山眞一であった。

本部を東京に置いて、関東、甲信越、北海道、東北、東海、中国地区の一部にまで勢力を築く日本最大のテキヤ組織として知られる極東会の会長である松山眞一は、関口愛治の名跡

を継承したことで、名実ともに〝日本神農界のドン〟となったのだった。

その五代目継承は、

「この時代の荒波のなか、極東会の新しい船出にあたって、その舵をとるにふさわしい人物といったら、松山眞一親分をおいてない」

と、極東会会員から諸手を挙げて歓迎されたのである。

吉村もまた、遠い異国の地で、松山五代目誕生のニュースを心から喜びながらも、捕われの身となっている己《おのれ》がなんとももどかしくてならなかった。

弁護人がピーター・ウォルフからコシバに代わっても、事態はいっこうに好転せず、期待は持てそうになかった。

「何もやってないのに、何で四十八年も刑務所へ入らなきゃならないんだ？」

と訴える吉村に対し、コシバがどんと胸を叩《たた》いたのは、

「それを私は三十年にしてみせます」

ということだった。

「おいおい、四十八年も三十年も一緒じゃないか」

吉村は溜息混じりに告げるしかなかった。

アメリカの市民権のない吉村には、仮釈放もなければ、恩赦に浴することもできなかった。

四十三歳の吉村が三十年つとめたとしても七十三歳である。果たして生きて出所できるかどうかさえ覚束《おぼつか》なかった。

日系女性に助けられ

囮捜査の罠に嵌まって無実の罪を着せられた夫を助けるべく、孤立無援の闘いを強いられた美代子にとって、救いとなったのは日系女性スミス・ヨーコの存在であった。

ヨーコこそ、誰も信じられず頼る者とてないハワイで、心から信じられ、味方となってくれたほとんど唯一の人間だった。美代子にすれば、最後の頼みの綱とした女性であり、彼女によってどれだけ助けられたかわからない。

あとで美代子はつくづくこう振り返ることになる。

〈彼女がいなければ、私たちはお終いだった。あの人に会わなければ、夫はどうなっていたことだろう？　まるで吉村を助けるために天が会わせてくれたとしか思えない……〉

ハワイで理不尽な事態に遭遇した吉村夫妻にとってスミス・ヨーコは、それほど大きな存在となったのである。

スミス・ヨーコは吉村の最初の弁護人であるピーター・ウォルフの専属通訳として、美代子の前に現われた。

元キャビンアテンダントで吉村より一つ歳上という彼女から受けた美代子の第一印象は、優秀なキャリアウーマンという以上に、何よりも真面目で芯の強い日系人女性であるということだった。

その印象に狂いはなく、つきあっていくうちに、彼女がいかに正義感に溢《あふ》れたまっすぐな女性であるか——ということがわかってくる。

スミス・ヨーコは最初から吉村の事件に尋常ではないもの、何かしら不可解な、異常性を感じとってくれたようだった。彼女だけは、「夫はハワイに誘いだされたうえで罠に嵌まったのだ」という美代子の話を信じてくれたし、心から同情し、親身になって力になろうとしてくれる姿勢も最後まで変わらなかった。

彼女の自宅にも招かれたり、どんどん親しくなっていくなかで、美代子がヨーコに対して、

〈この人なら心底信頼できる〉

との思いを強くしたのも無理なかった。

単に弁護士の通訳という自分の仕事を超えて、女が一人、異国で暮らす美代子のプライベートまで心配してくれ、時間を惜しまず世話を焼いてくれるヨーコこそ、美代子にとって、まさに地獄に仏、救いの女神にも等しかった。

むろん吉村も、

「信用できるのはヨーコさんだけ」

との妻の言葉を無条件に信じたのはいうまでもない。

それでなくても、吉村はピーター・ウォルフとの面会のつど、ヨーコが雇主のピーターから、

「私語を慎みなさい。君には高いマネーを払っているのです。君は私が喋ってることだけを通訳すればいいんです」

と怒られるのを目《ま》のあたりにして、彼女には好感を持っていた。

ピーターはなぜか彼女と吉村が日本語で会話するのを極度に嫌っていた。たいした話もしていないのに何を警戒していたのか奇妙な話で、そういうこともまた、吉村がピーターに不信感を抱いた一因でもあった。

スミス・ヨーコは、自分の立場を離れて、美代子にこうアドバイスした。

「吉村さんの事件は、アメリカにとって、ジャパニーズ・マフィアのビッグボスを捕まえたとして大々的に世界にアピールできるまたとない機会なんです。このままだったら、本当に四十八年行きますよ。十二人の陪審員だって、一人でも反対してくれればいいんだけど、みんなギルティ（有罪）を出すでしょう。ピーターに雇われてる身で言うべきことじゃないけれど、弁護士もいったいどっちの側に付いてるのか、だいたい一時間で三百ドルも弁護料を

取る弁護士なんておかしいでしょ。弁護士を代えたほうがいいですよ」

ピーター・ウォルフが吉村の弁護人を外されたら、自分にも高額な通訳料が入らなくなってしまうヨーコが、損得抜きに言っているのだった。これ以上説得力のある弁もなかった。

ところが、その助言を受けいれ、弁護人を代えたのはよかったけれど、次に依頼したコシバという日系弁護士も、いきなり五百万円の弁護料を取ったばかりか、やはり何かといえば金の話をする男だった。

確かに時間当たりの弁護料こそ、一時間三百ドルのピーターに比べ、その四分の一以下の七十ドルになったとはいえ、コシバは四六時中面会に来てはろくな話もしなかった。明らかに弁護料欲しさに時間稼ぎをしているとしか思えなかった。

そのうえで、

「四十八年を三十年にしてやるから、有罪と認めなさい」

などと言う弁護士で、とても使えそうになかった。

「ハアーッ………」

ハラワ矯正施設に拘留中の身である吉村は、少しも好転しない状況に、舎房でつい溜息をつくこともあった。

それにつけても申しわけないと思うのは、ハワイで逮捕されて以来、そんな多額の裁判費用を始め経済的援助を続けてくれる友人に対してであった。

カタギの実業家で龍崎《りゅうざき》という吉村より一つ歳上の男であったが、吉村にはその支援が涙が出るほどありがたかった。しかも、何一つ恩着せがましいことを言うでもなければ、愚痴めいたことも一切こぼさなかった。

龍崎が吉村によく言ったのは、少年時代に受けた恩義に報いたい、その恩を返したいのだ――ということだった。

〈まったく何が恩返しだよ。あんな昔の小さなことを、いつまでも恩と感じてくれるヤツなんて世の中にいないよ。それだって、もう何千倍何万倍にして返してくれてるじゃねえか。あんなに義理堅いヤツはヤクザにだっていやしねえ……まして人間、こっちが羽振りのいいときは誰もが寄ってくるけれど、こんな状況に追いつめられたら、あいつはもうお終いだ、ってソッポを向くのがオチだっていうのに……〉

もう何度も面会に来てくれた友人の顔を思い浮かべながら、吉村はそんなことをとりとめもなく思ったものだった。が、それは吉村の実感でもあった。

〈それにしたって……〉

ふっと吉村が思いを馳《は》せたのは、その友が〝義理〟と呼ぶ昔の事件についてだった。

遠い日の少年時代――

水戸少年刑務所の思い出

事件が勃発したのは昭和四十四年、吉村が十九歳になって間もないときだった。

当時、吉村の所属する極東三浦睦会成田組（現在の極東会松山連合会真誠会）といえば、新宿歌舞伎町を根城にする武闘派集団として知られていた。

成田組組長の成田定行は戦後、予科練から戻ったあとで、極東関口一家の三浦周一を知り、その盃を受けた。新宿で稼業を張り、喧嘩三昧に明け暮れたが、三浦睦会の基盤づくりに大いに貢献し、三浦分家名のりを許されるほど重きを置かれる親分となった。

吉村が故郷の山口県宇部市をあとにして上京後、新宿で遊んでいるうちに最初に知りあい、その舎弟となった男が、成田一門の富岡忠男であった。このとき富岡は二十三歳、吉村は十七歳だった。

成田の若い衆であり、のちに成田二代目を継承する池田亨一の舎弟であった富岡は、金もなくいつも貧乏していたが、誰よりも胸に燃え盛る炎を持っていた。人望もあり、男としての魅力もあったのか、集まってくる舎弟も多かった。

やがてそれから一年後、富岡を会長、吉村を副会長として「極新会」を旗揚げし、新宿・花園神社においておよそ二百人の会員を集めて発会式を行なっている。

極新会とは「極道を新しくする会」の意をこめた命名で、富岡、吉村ともども、なかなかに意気盛んであった。

事件が起きたのは、この結成式から半年後のことだった。

成田一門の若い衆二人が千葉県の某市で、地元の博徒たちと揉《も》め袋叩きにあったというのだ。原因はささいなことであったが、武闘派で聞こえた成田組とすれば、断じてそのまま黙っているわけにはいかなかった。

一報が入るや、成田定行も池田亨一も、

「よっしゃ、行けえ！」

とただちに報復命令を下し、ざっと四十人が電車や何台もの車に分乗して、千葉の現地へ飛んだ。

吉村もその一員として、兄貴分の富岡や他の成田一統の兄《アニ》イたちとともに千葉へと向かったのはいうまでもなかった。

それでなくても成田組の教えは、喧嘩があったら「一番で刺せ」「まず拳銃で撃て」というもので、徹底的に叩き込まれてきた。

このときも、吉村が請け負わされたのは、親分宅へ殴り込んで一番槍《やり》をつけるということだった。

街の郊外に建つ一軒家の親分宅を、吉村が十人ほどのメンバーとともに急襲したのは、夜が明けかかったころである。

日本刀を手にした吉村に、兄イが、

「いいか、光男、ノックして出てきたヤツをまず刺せ」

といつものことを指示した。

朝靄《あさもや》がたちこめるなか、親分邸はひっそりと静まりかえっていた。

玄関ではなく脇のほうへまわると、雨戸が閉まっており、打ちあわせ通りそこを吉村が「ドンドン」とノックした。が、三回叩いても何の反応もなかったので、もう一回ノックしたところ、ようやく戸が開かれた。

「ヤロー！」

吉村がすばやく抜き身の日本刀を突きだそうとして、すんでのところで思いとどまったのは、女が現われたからだった。

〈姐《アンネエ》だな〉

吉村が思う間もなく、姐が奥へ向かって叫んだ。

「あんたあ！　逃げてえ！」

吉村が雨戸を蹴破《けやぶ》って家の中へ入りこんだ。兄イたちもあとに続く。

親分らしい影を見つけて、吉村が的《まと》に向かって大きく抜き身を振りおろした。

相手はそれを躱《かわ》すと、裏のほうへと逃れ、外へ飛びだしていく。

吉村の刀は鴨居に当たって食いこんでしまい、すぐには抜けなくなった。

吉村のあとから乗りこんできた兄イたちが、裏から逃れた親分を追いかけようとする。

だが、相手の姐さんもすごかった。夫を逃そうと夜叉《やしゃ》のような形相で両手を大きく広げ、刺客たちの前に立ちはだかった。

そこへ部屋住みの若い衆も木刀を持って駆けつけ、たちまち襲撃者たちとの間でドタンバタンが始まった。

火事場の馬鹿力というが、裏口から逃れた親分の跳躍力も大変なものだった。親分は自宅の裏を流れる小川を越えるや、目の前に立ち塞《ふさ》がる二メートルもの塀を乗り越えて、まんまと刺客たちの魔の手から逃れることに成功したのである。

それを知った成田組の一行も、

「よし、みんな、引きあげろ！」

とたちどころにその場を去った。

「光男、おまえ、何やってんだ？　早く来い！」

吉村が一番最後になったのは、鞘《さや》がないことに気がついてそれを探しているうちに遅れてしまったのだ。

それぞれがバラバラに数台の車に分乗して引きあげようとしたところで、東京へ向かう国道で警察の検問に引っかかり、全員があえなく御用となった。

この親分襲撃班十人の総責任者が小泉という成田組の上の兄イで、最初から小泉と最年少の吉村の二人が事件を背負うことに決めてあった。

車から押収された日本刀三本もすべて吉村の持ち物というのも、事前の了解事項であった。

警察の留置場で顔をあわすなり、小泉が吉村に改めてその確認をとった。

「光男、わかってるな」

「わかってますよ。全部背負うんでしょ」

「うん、刑務所へ行くのはオレとおまえだけだからな。でも、おまえは初めてだし、十九なんだから執行猶予がついて帰れるんじゃないか。だけど、ツッパれよ」

小泉は、励ましともつかないことを述べた。

結局、打ちあわせ通り、小泉と吉村だけが起訴されて、あとの者は全員が二十日間で釈放となった。

吉村は裁判でもツッパった。裁判官が、

「君、日本刀は三本とも君のもので、君一人で使用したというけど、両手で二本というのはわかりますが、あとの一本はどうやって使ったんですか?」

と訊ねるので、吉村はとっさに、

「ええと、それは……口にくわえましたよ」

と答えたものだから、法廷に笑いが起こり、裁判官も思わず苦笑するしかなかった。

裁判の結果、小泉は懲役三年、吉村は懲役一年二カ月の刑が下った。吉村は水戸少年刑務所に服役することになったのだった。

この抗争事件の発端となった成田組の二人の若い衆のうちの一人が、龍崎であった。

龍崎はその後ヤクザの足を洗ってカタギとなり、事業のほうで成功した。事業家になってからも、吉村とはずっと友人づきあいを続けてきたのだった。

龍崎が吉村に対して、

「オレのために体を賭《か》けさせてしまったなあ……」

と義理に感じてくれたというのが、このときの抗争事件であったのだ。

それから二十四年――、吉村がハワイでFBIの罠に嵌まり、人生最大のピンチに立たされたとき、真っ先に手をさしのべ、変わらぬ支援を続けてくれている男が龍崎だった。誰にもできることではなかった。

〈たかがあんなちっぽけなことを、いつまでも義理と思っていてくれるなんてなあ……〉

吉村は自分の置かれている境遇をもしばし忘れて友に感謝し、若かりし昔の猛《たけ》き日々を懐しんだ。

最後の弁護士

二番目の弁護人となったコシバもまた、最初のピーター・ウォルフ同様、高い弁護料を取ることばかり考えているような頼りにならない弁護士とわかり、美代子がスミス・ヨーコに相談すると、

「そんな破格のお金を取るような政府側の弁護士はやめなさい。今度の吉村さんの事件は特殊なんです。政府と真っ向から談判できるような弁護士さんでなきゃダメですよ。人権派に頼んだほうがいいです。私の知ってる人で、アレキサンダー・シルバートといって、今度の事件は、吉村さんが日本のヤクザのボスとしてアメリカのＰＲ用に利用されてるんだということも含めて、すべて把握してる弁護士さんがいます。そんなにお金も取りません。その人に弁護人を引き受けてもらったらどうですか」

とのアドバイスが返ってきた。

だが、美代子がその旨を夫に伝えても、裁判まで時間がなく、緊迫した状況にあって、吉村はややナーバスになり頭が混乱している時分だった。そんな時期に弁護士を代えてプラス

になるのか、いったい誰を信じていいのか疑心暗鬼になっていた。

そんな吉村に、美代子は厳として言った。

「とにかく信用できるのはヨーコさんだけ。ヨーコさんを信じて、その弁護士さんに頼んでみましょ」

「わかった」

吉村はアレキサンダー・シルバートと面会した。

シルバートは前の二人の弁護人と違って、金のことをいう代わりにこう切りだした。

「私はそんなに力はありませんが、あなたが捕まった背景——アメリカのメカニズムとシステムは説明できます」

「結局、先生、何なんです？　どうして私が逮捕されなきゃならなかったんですか？」

「あなたがジャパニーズ・ヤクザのボスだからですよ。アメリカのPR用としてぜひとも捕まえなきゃならなかったんです」

「………」

「どうです、私に専任して賭けてみますか。それともいまのまま、ギルティ（有罪）で行きますか。四十八年から終身刑《ライフ》ですよ」

「………」

すっかり疲れはて痩せこけて、まだ頭がグラグラしてまとまりのつかない吉村であったが、話しているうちに、初めて信じられる弁護士と出会ったような気がした。

美代子やスミス・ヨーコに言われるまでもなく、もうこの弁護士に賭けるしかないな――との思いを強くして、吉村はいつか肚《はら》を括《くく》っていた。

「どうか、よろしくお願いします」

アレキサンダー・シルバートを専任弁護人と決めた瞬間であった。

司法取引

三人目の専任弁護人となったアレキサンダー・シルバートは、吉村に、

「司法取引しなさい。それがあなたにとって最も早く日本へ帰れるベストの方法です」

と単刀直入に切りだした。

「司法取引……？　それは何です？」

吉村には耳慣れない言葉であった。

「ギルティと認めるところは認め、認めちゃいけないことは認めなくていいんです。むこうが要求してくるものに対して、応じられることであれば応じ、双方のバランスをとるというシステムです。それなら四十八年を四分の一前後の刑期にもできます」

四十八年の四分の一といえば、十二年である。終身刑とか四十八年という数字に比べれば充分生きて帰れる数字であるどころか、それまでの感覚からすれば、吉村にとってションベン刑にも等しかった。

吉村も大いに心が動いたが、

「いや、私は無実なんだ。やってもいないことをギルティと認めることはできないよ」

と突っぱねた。

司法取引というのは、アメリカではプリ・バーゲニング、有罪答弁ともいわれ、囮捜査、電話盗聴とともに捜査の三大武器といわれていた。

日本にはない制度で、検察側と弁護側が話しあいで刑を決めるというものだった。要するに裁判という面倒なことを行わずに決着をつけるという合理的なシステムであった。日本では考えられないが、アメリカでは九割近い刑事事件がこの司法取引で終了しているという。

具体的には、

「ギルティと認めろ。その代わり、重い罪での起訴事実を軽くするか、もしくはその一部を取りさげる。そして求刑も短くする」

という形で検察側から（弁護側からも）申し出されるのだ。ただし、そのうえに、共犯として起訴された者を有罪にするため政府に有利な証言をしろ、というような別の条件がつけられることもあった。

それが吉村にもついていて、彼の場合、日本ヤクザとは何か、その実態と内情をＦＢＩに話せ――というものだった。

これには吉村も、

「冗談じゃない。ヤクザ仲間を売るような真似ができるわけないだろ。それはチンコロといって、ヤクザの最も恥ずべき行為なんだ」

と色をなして拒否した。

吉村があとで、このシルバートの司法取引の件を、妻とスミス・ヨーコに相談すると、ヨーコからは、

「シルバート弁護士のいう方法がいいんじゃないですか……。それが最も早く日本へ帰れる最善策なのは確かでしょ。あなたの事件は見せしめ、アメリカのＰＲ用として利用されてるだけなんです。このままだったらガイドライン通り四十八年行くのは間違いない。陪審員がそろってギルティにするのも目に見えています」

との答えが返ってきた。

応募してきた何百人から選ばれた十二人の陪審員にしても、その半分は日系人で、彼らはむしろ他の人種以上に日本人には厳しく、ましてヤクザに対しては、

《「戦前からハワイに来ていますが、ハワイは悪くなっている。特に立州後は日本の観光客が来るのはうれしいが、犯罪まで輸出されたのではたまりません。ヤクザは昔、強きをくじき弱きを助ける任侠道《にんきょうどう》と言われたのに、時代とともに人間として絶対許せない存在になったようです」(ハワイ仏教連盟会長)

「ヤクザがハワイで捕まったということは不名誉なことです。ヤクザの文字を英文で見るのは全く不愉快です」(日本語普及振興基金理事長)

「ヤクザが宣伝されてハワイのイメージが悪くなるのは残念です。同国人としてハレンチな真似はしないでくれとお願いしたい」(帰化市民クラブ会長)

「この事件から発生したパブリシティは、実際のヤクザの存在の有無にかかわりなくハワイの快適なイメージを著しく損なうもので、観光という非常に傷つきやすい業界に依存しているハワイにとって由々しき問題です」(ハワイ日本商工会議所会頭)》(これより八年前の昭和六十年九月、山口組の大物組長らがハワイでＦＢＩの囮捜査によって麻薬・銃器密輸などの容疑で逮捕された際、有力紙『ＥＡＳＴ・ＷＥＳＴジャーナル』に載った在ハワイ日系人のコメント、のちに無罪が確定)

といった見方が主流で、とても日系陪審員からの無罪《ノット・ギルティ》は期待できそうになかった。

ヨーコはさらにこう続けた。

「有罪を認めたうえで、もう一つ、ヤクザの内情を教えろという条件にしても、ＦＢＩが知りたいのは、ヤクザの掟とか儀式、あるいは習慣とかシステムで、組織の内幕を暴露しろとか、よそのボスのことを教えろというようなことではないでしょ。アメリカ人からすれば、日本のヤクザはとてもミステリアス。日本でもそれほどヤクザというのは秘密主義なんですか？」

ヨーコの問いかけに、吉村はこう答えた。

「いや、日本のヤクザはマフィアじゃありません。むしろマフィアとは違うんだという誇りで生きてます。こそこそ隠れてヤクザをやっているのではなく、堂々と名のって看板を掲げ、代紋・組名入りの名刺だってつくるし、マスコミの取材にも応じてます。ヤクザは秘密結社でも犯罪組織でもなく、男の生き方であり、男を売る稼業だと自負してますから」

「それだったら、何の問題もないでしょ。そういったことをＦＢＩに話してやればいいんです。ただし、安く売ったらダメですよ。秘密でも何でもない情報でも、うんと値うちをつけて高く売ればいいんです。ＦＢＩにはマフィアもヤクザも同じという認識しかありませんから、吉村さんにとって何でもないことでも、彼らにすれば、ミスターヨシムラが生命の危険を冒して話してくれてると信じて疑いません。司法取引すべきです」

ヨーコのアドバイスを受け、吉村もようやくその気になってきた。

「わかりました。そういうことなら、司法取引という方法をとってもいいですよ。すべてシルバート先生にお任せします。ただし、有罪を認めるといっても、確かに嵌められたにしろ、事件に関与したことは認めますが、言われてるような自分が事件のリーダーをつとめて云々というようなことを認めるわけにはいきません。そこのところだけはどうあっても譲れません。それでいいというなら、その方向でシルバート先生にお任せしようと思います」

吉村もここへ来ていよいよ肚を括ったのだった。

呆れ果てるFBIのヤクザ認識

吉村にとって悪夢のような平成五年という年が過ぎ去って、平成六年——一九九四年の新しい年を迎えたとき、ハワイの有力紙『The HAWAII Hochi』の一月五日付に、

《日本のヤクザ、有罪申し立て　麻薬密売で昨年逮捕》

との見出しで、こんな記事が載った。

《昨年三月末、ＦＢＩ（連邦捜査局）のおとり捜査にひっかかり、麻薬密売現行犯で逮捕された、日本の暴力団「極新会」会長の吉村光男（43）は、三日、連邦地裁のハロルド・フォング判事の法廷で、これまでの主張を翻して有罪の申し立てを行なった。

吉村は昨年三月三十一日、ヒルトン・ハワイアン・ビレッジ・ホテルの一室で、麻薬売人

になったFBI局員に、メタムフェタミン結晶四ポンド以上を売り、これを隠しカメラでビデオにとられ、逮捕された。

吉村は今回の有罪の申し立て変更により、告発されていた他の五件は取り下げられることになった。

従って、吉村は麻薬売買の交渉を手伝ったという件で判決を受けることになる。

判決公判は四月十八日に開かれる。

弁護人アレキサンダー・シルバート氏によると、このまま裁判を続けると吉村の立場はますます苦しくなり、場合によっては三十年から終身刑に及ぶ判決も予想されることから、そうした事態を避けるために申し立てを変更したと説明している》

吉村にとっても、それは苦渋の選択であった。男の誇りにかけて、自分にできるギリギリの譲歩といってよかった。もともとがペテンにかかったことなのだ。

が、陥れられたこととはいえ、テーブルにドンと置かれた覚醒剤《スピード》を目のあたりにし、FBI扮《ふん》するニセマフィアと小峰らとの取引き現場に居あわせ、その金額を聞いて、

「そいつはおいしい話じゃないか」

などと軽口を叩いたのも事実で、それがしっかり隠しカメラで撮られ、音声も録音されているのだ。冤罪をいい、身の潔白を主張しても、無罪を勝ちとるのは至難の業には違いなか

った。

吉村にすれば、いくら嵌められたこととはいえ、こんな罠に引っかかったこと自体、一生の不覚であり、脇の甘さを指摘されても仕方なかった。そんな自分の甘さに対するペナルティの意味でも、十二、三年の刑ぐらい甘んじて受けようという気になったのだった。

それ以上に、こんなつまらない事件をでっちあげられたうえに三十年とか四十八年、終身刑などという刑をうたれ、一生日本の土を踏めない事態になったのでは、これほど不条理で情けない話はなく、親分である池田亨一に申しわけが立たなかった。これ以上の親不孝もなかった。

〈生きて帰れたら、また池田親分に親孝行もできるし、松山眞一会長に忠義を尽くし、極東会のお役に立つこともできるのだ。こんなところで終わってたまるか！〉

との一念が、敢《あ》えて吉村をして司法取引を受けいれ、有罪申し立てに踏みきらせた理由であった。

ＦＢＩも、日本ヤクザの実態を聞けるとあって、吉村に対して「サー」の尊称をつけて呼ぶようになり、下にも置かない対応となった。

ただし、その質問の内容となると、吉村に対するＦＢＩの認識が、

「殿様を殿と呼び捨てにしてアゴで使えるほど力を持った（殿村という若い衆を「殿」と呼

んでいただけのことなのだが)、二千人の部下を持つジャパニーズ・マフィアのボス」

といった時代錯誤と事実誤認も甚だしいものだったから、珍妙な質問も少なくなかった。

なにしろアメリカでベストセラーとなったデイビット・E・カプランとアレック・デュプロというジャーナリストが書いた『ヤクザ』にしても、ヤクザも右翼もフィクサーも一緒くたにしてすべてジャパニーズ・マフィアと認識しているようなフシがあり、FBIもその本を見ながら、

「ミスターヨシ、笹川良一《ささかわりよういち》がフィクサー、ヤクザのドンだってことは知ってたか?」

などと吉村に訊いてくるのだ。

これには吉村も首を傾《かし》げ、

「え? そりゃ山口組三代目の田岡一雄組長が偉い親分だってのは知ってるけど、笹川良一っていうのはヤクザのドンじゃなくて、ただの競艇のドンじゃないのか」

と答えると、

「ん? ミスターヨシは会ったことあるのか?」

「あるわけないでしょ、あんなオジさん」

「え? マフィアなのにオジさんを尊敬しないのか?」

と一事が万事、こんな調子なのだ。

他にも、吉村がＦＢＩのハワイ支局本部にまで赴いて、アメリカ本土からやってきたインタビュアーに訊かれたのは、

「指詰めというのはどういういきさつで、どういうふうにやるのか」

「日本のマフィアの間では、いまでも切腹はあるのか」

「隠れ軍隊はあるのか」

「盃の儀式というのはどういうときにどんな所作でやるのか」

といった愚にもつかぬ質問で、そんなことは日本のヤクザ専門誌を読めばいくらでもくわしく書かれてあることだったから、吉村は喋ることに何の躊躇《ちゅうちょ》もなかったが、それでもときには、

「うーん、それを話すのはちょっと勇気がいるのだが……」

とヨーコのアドバイス通り、わざともったいぶって値打ちをつけた。

が、吉村の話すどんなことにも彼らは大層興味を示し、貴重な資料としてありがたがった。

吉村も終いには刺青《いれずみ》を見せ、その写真まで撮らせてやるようなことをして、サービスにつとめた。

第二章　連邦最重刑務所の衝撃

判決

一九九四年（平成六年）四月十八日、連邦ビル四階のホノルル地方裁判所アハクポナ法廷において、吉村の判決公判が開かれた。

ハロルド・フォング裁判官が、

「被告を十一年三カ月から十四年八カ月の不定期刑に処す」

との判決を厳かに申しわたしたとき、傍聴席の美代子の胸に拡がったのは安堵感であった。

〈よかった。これで夫は生きて日本に帰れるんだ〉

と、まずホッとしたというのが正直なところだった。普通なら十一年から十四年というのはいかにも長い歳月なのは確かだが、それまで確実に三十年以上終身刑まであり得るといわれていたことを考えれば、助かったという思いが強かった。

裁判官の言葉を淡々と通訳してくれていた隣のスミス・ヨーコからも、

「よかったですね。やっぱりこの方法を選んで正解だったですね」

と祝福されると、なおさらその実感が湧いてきた。

一方、被告人席で判決を聞いた当の吉村には、妻のような感慨はあまりなかった。うれしさもなければ、さほどの安堵感もなかった。

司法取引を受けいれ、判事、検事、弁護士を交えて事前にうちあわせも済ませ、予想通りの判決が出たからというより、吉村はもはやこの国を根っから信じられなくなっていたのだ。ハワイへ来ておよそ一年、骨の髄まで不信感が沁《し》みこんでしまったのだった。

〈これだけインチキ、出鱈目がまかり通る国なんだから、これからだっていつまた何が起きるかわからない。十二、三年の判決が出たからといって、すぐに引っくり返されることも考えられる。ともかく何でもあり――なんだから、信用できるもんじゃない。油断は禁物だ……〉

と判決をさえ信用できなかった。

なるほどハロルド・フォングというチャイナ系の判事は、

「政府はジャパニーズ・マフィアとわかっていて、なぜヨシムラをハワイへ入れたんだ。ホノルル空港で帰せばよかったじゃないか」

と政府ともやりあうような硬骨の士で、公正な判断をしてくれる判事であるのは疑いようもなかったが、政府となるとまったく話は別だった。

判決が下りた吉村は、ハワイから馴染みとなったロス連邦拘置所へと移された。服役先の刑務所が決まるまで、そこで約一カ月半待つことになるのだが、間もなくして吉村の危惧は適中する。

アメリカでは判決が下ると同時に、裁判官によって収監される刑務所のレベルも指定されるシステムになっていた。吉村の場合、フォング判事によって、

「被告はジャパニーズ・ヤクザといっても、アメリカのマフィアとは違うんだから、FCIが妥当」

として決定されたのは、FCI（連邦矯正所）といって、ギャングや凶暴な囚人のいない、警備もゆるやかな刑務所であった。

ロス連邦拘置所は、いわゆるヤクザの隠語で〝赤落ち〟といわれる、刑務所への収監を待つ受刑者の情報交換の場にもなっていた。

ほとんどがFCIへの収監が決まった受刑者ばかりで、

「FCIなら何州のあそこがいい」

「いや、オレは中部の○○がいいな」

といった調子で情報を交換しあい、ぶ厚い冊子状の全米刑務所一覧表のようなものまで見

ることができた。拘置所にはサロンのような部屋があり、受刑者同士で話をするのも自由だった。

そしてマフィアでない限り、要望がほぼ通って、希望する刑務所へ行けたのだから、さすがにアメリカは開かれていた。

吉村も受刑者たちとこんな会話を交わしあった。

「ヨシはどこへ行きたいんだ？」

「オレは寒くないところがいいな」

「それならアリゾナかフェニックスへ連れていかれるぞ。アリゾナはやめとけ。あそこは暑さが四十度を超えるんだ」

「じゃあ、どこがいいんだ？」

「そうだな。マイアミがいいんじゃないか」

「ああ、マイアミか。行ってみたいな」

ということから、吉村はにわかにマイアミ方面に思いが募り、その旨をヨーコを通して連邦刑務局に要望を出していた。

ところが、吉村に申しわたされた収監先は、カリフォルニアのロンポックＵＳＰ（ユナイテッド・ステーツ・ペニテンチァアリー）という連邦最重刑務所であった。

連邦刑務所は、警備の厳重さで最上級（MAXIMUM）、中級（MEDIUM）、下級（LOW）、最下級（CAMP）の四段階に分かれ、USPは最上級にランクされる最高警備の刑務所だった。

吉村はペニテンチァリー（penitentiary）の意味がわからず、辞書で調べても見つからなかったので、拘置所のサロンで仲間に、

「USPへ行くことになったんだけど、USPって何だい？」

と訊いてみた。

すると、四人ほどいたメンバーが一様にギョッとなり、思わず口を突いて出た。

「オーマイゴッド！」

「ファッキンシェイム！」

囚人ナンバー

ペニテンチァリーと聞いたときの受刑者たちの反応は、誰もが似たようなものだった。口を突いて出た言葉も、日本語でいえば、

「そりゃ、とんでもねえこった！」

「おまえ、すごいとこへ行くんだな！」

といったところで、本当に身を震わせたり、顔を蒼《あお》ざめさせる者までいる。ある白人は吉村にこうまくしたてた。

「いったいおまえ何やったんだ⁉　大物だって噂では聞いていたけど、かわいい顔してるからそんなことはないと思ってた。けど、やっぱり本当だったんだな」

当時の吉村はまだ英語はさっぱりわからなかったのだが、それでもペニテンチァリーが只ならぬ刑務所であるということだけは理解できた。

さすがに吉村も気持ち悪くなって、いろいろと調べた結果わかったのは、ともかくアメリカの刑務所のなかでは、最も凶悪な囚人ばかりがそろった、最も危ないところということだった。

これには吉村も、

「話が違うじゃないか。いったいどうなってるんだ？」

とハワイのスミス・ヨーコに電話で連絡をとると、

「それはおかしいですね。確かに判決のとき、フォング裁判官がＦＣＩに収監するって言いましたよ」

ヨーコも首を傾げている。

「じゃあ、すぐにフォングさんに、このことを伝えてもらえませんか」

「いえ、吉村さん、実はそのフォング判事は先ごろ、心臓発作で亡くなってしまいました」

「えっ⁉」

ハロルド・フォングは、吉村から見ても、捜査側の不備をいろいろ指摘してくれた公正な判事であった。そのフォング裁判官が法廷で、判決の際、被告人はＦＣＩが妥当と決定を下したのだ。

なのに判事が死んだのをこれ幸いとばかりに、またぞろジャパニーズ・マフィアの大物をＵＳＰへ送りこんだというアメリカ国民へアピールするサプライズが目的で、それを覆したのではないか——と勘ぐりたくもなった。

「どうしますか？　契約違反として訴えますか？」

ヨーコが吉村に訊ねた。

「いや、訴えてもしょうがないでしょ。もうこうなったら、ペニテンチァリーでもどこへでも行きますよ」

吉村は肚を括った。半ば開き直りである。

「ＵＳＰっていったら、それはすごい刑務所ですよ。マフィアの大ボスやら犯罪者のＶＩＰが拘禁されてるところです。終身刑《ライフ》や死刑囚、懲役二百年、五百年なんて量刑を科せられた受刑者がいるところですから」

「……」

ヨーコの説明に、吉村は答える言葉を失った。

斬った張ったのヤクザの世界で生きてきた吉村といえ、生身の人間である。

およそこの世で最も凶暴で凶悪な、血に飢えた獣の群れが手ぐすねひいてひしめいている檻《おり》の中へ、ポンと放り込まれるような心境であった。言葉も通じなければ、義理人情や任侠道が通じるはずもなく、徒手空拳の身なのだ。

誰よりも吉村自身が「オーマイゴッド！」と声をあげたくなった。

それまではてっきりＦＣＩという警備ランクがずっと下の刑務所へ行くとばかり思っていたので、他の受刑者から、

「某地区にあるＦＣＩには大きなプールもあってね、オレはそこへ行きたいんだ」

「某地区の○○は、ドーム（雑居）もなくて個室があってプライバシーが保たれてるＦＣＩもあるんだよ」

と夢のような話を聞いていたので、日本よりよほど楽ができるなと甘いことを考えていた矢先だった。

ところが、ＦＣＩからＵＳＰに変わって、スミス・ヨーコにその実態を聞かされた吉村は、たちまち天国から地獄へ落とされたような心地になった。

いよいよ押送されるという三日前からはすっかり落ち込み、暗澹《あんたん》とした気分になった。当日、吉村はロサンゼルス連邦拘置所からオクラホマのエアポートプリズンへと押送され、そこで一週間ほど拘留され、分類にかけられた。

収監先がカリフォルニアのロンポックUSPと決定し、吉村は大勢の囚人とともに近くの空軍基地から連邦刑務局（BOP）のエアバスに乗せられた。

エアバスは朝六時に出発し、フェニックス、ユタなど三カ所を経て、カリフォルニアのロンポックUSPにたどり着いたときには、午後三時過ぎになっていた。前の三カ所の刑務所では五十人、六十人もの囚人が降りるのに、ロンポックでは吉村を含め、たった三人しかいなかった。

ロンポックUSPはロサンゼルスの北百マイルにあって、サンタバーバラの近くで海岸と丘陵に挟まれていた。東京ドームぐらいの運動場が二つあって、約四千八百人が収容されているというバカでかい刑務所だった。

囚人ナンバー84325102２の吉村が収監された房は、AからFまであるユニットのうちのEだった。ABは開放部屋といってよく、逆にEFは夜十時にロックダウンされるという最高警備のユニットであった。つまりEFは凶悪犯がそろっていて、マフィアが多かった。

吉村の囚房はユニットE（三階建て）の二階の奥のほうで、看守に案内されて廊下を通ると、作業に出ていない連中が囚房からジロジロと吉村を見遣って、「ピューピュー」という口笛で新入りを歓迎する者もあった。

吉村が二人部屋の囚房に落ち着いたときには、夕方になっていた。

衆人環視の中の殺人

その夜、吉村が度肝を抜かれたのは、オクラホマからの長旅で疲れ果て、ようやく眠りに就いてウトウトしかけたころ、突如聞こえてきた悲鳴とも叫び声ともつかぬ物音のせいだった。

二段ベッドの上で寝ていた吉村は、何事が起きたかと思って、ガバッとはね起きた。

「ウーウーウー、ワーワーワーワー、△×○☆×○△……！」

獣のうなり声にも似た声で、何やら下のほうから聞こえてくる。

見ると相部屋の先輩であるインディアンが、部屋の片隅で床にひざまずき、呪文を唱え、何か儀式めいたことを行なっている最中であった。

少女殺しで五十年の刑をつとめているスー族の首長の息子というその男は、同室なのに夕方顔をあわせて以来、「ハロー」と言ったきり、吉村とはまだひと言も言葉を交わしていなかった。

吉村は思わず日本語で、

「どうしたの？」

と訊いても、相手は何も答えず、そのうちに立ちあがって、

「ウーウーウーワァワァワァー、チョンヤラタア〜！」

とインディアンの呪いとしか思えないような呪文を唱える始末で、吉村はとうとう朝まで一睡もできず生きた心地もしなかった。

〈なるほどこれがペニテンチァリーか。こりゃエラいところへ来てしまったなあ。オレは紛れもなく地獄の一丁目へやってきたってわけだな〉

と先が思いやられた。

だが、一週間ほど経ったとき、吉村が目のあたりにした事件に比べれば、そんなものは何ほどのことでもなかった。

そのとき、吉村はまさにペニテンチァリーという地獄の釜のフタのあいたのを覗《のぞ》いたといってよかった。

その日の午後、吉村がムービー・シアターで映画を鑑賞していたときのことだった。ホールは定員六百人がほぼ満席の状態であった。

映画がはじまってどのくらい経ったときのことだろうか。上映中の闇に紛れ、突如、吉村の前の席で異変が起きた。

ちょうど斜め前にすわっている男に対して、両隣から何やら数人が攻撃を仕掛けているような動きが目についたのだ。

それは「バシッ!」「バシッ!」と男の首のあたりといわず、腹といわず、刃物で突いたり刺したりしているのは明らかだった。

血しぶきが飛び、男は小さな悲鳴とうめき声をあげてその場に頽《くずお》れた。

「あっ!」と吉村が驚いている暇もなかった。文字通り、あっという間の出来事だった。

そのあとのまわりの連中のすばやさといったらなかった。その場から、一斉に離れるのだ。

直後、場内にパーッと煌々《こうこう》とライトが点いたかと思うと、いままで映画を鑑賞していた受刑者はたちまち蜘蛛《くも》の子を散らすように誰もいなくなってしまった。

あとには倒れた男と吉村だけが残された形になった。

「おい、どうした? 大丈夫か?」

と吉村が血だらけの男に声をかけ、助け起こそうとしたとき、たまたまそれを目にした吉村を知るフィリピン人受刑者が引き返してきて、

「ミスターヨシ、ノー! ドントタッチ!」

と声をあげて止めた。

それでもポカンとしている吉村の腕を引っ張り、すぐにシアターから外へ連れだした。

その直後、機関銃を手にした刑務官たちがなだれこんできた。

危ないところだった。もし、吉村が倒れた男に触れていたら、問答無用で逮捕され、殺人犯にされるところであった。それがここでのルールなのだという。

吉村は危ういところで難を逃れたのだ。そういう意味では、このロベルトというフィリピン人受刑者は、吉村の命の恩人であった。ロベルトが腕を引っ張ってくれなかったら、今度こそ吉村は生きて日本の地を踏むことは叶わなかったであろう。

吉村にすれば、目の前に倒れている男がいれば、声をかけ、手をさしのべようとするのは当たり前の話だった。ところが、そこはそんな日本人流の義理人情がみじんも通用する世界ではなかった。

「ミスターヨシ、ここではどんなトラブルがあろうと、倒れてるヤツに触っちゃダメだ。でないと、自分が何の関係もなくても逮捕されてしまうぞ。申し開きなんぞできない。気をつけたほうがいい」

事件後、吉村にＵＳＰにおける心構えを教えてくれたのは、ミスターチャーという、すでに七十歳を超えた韓国系の大ボスだった。

先のロベルトはフィリピンの失脚したマルコス大統領の側近だった人物で六十年の刑、このチャーは暗殺された韓国の朴正熙《パクチョンヒ》大統領の元側近という大物で終身刑《ライフ》の身であった。同じアジア系ということで知りあったのだが、ロンポックUSPには中国系こそ多かったものの、日本人は吉村一人、韓国系は三人しかいなかった。

このミスターチャー、若き日に一時期、日本にいたことがあって、片言の日本語を話し、その世界では名高い柳川次郎や町井久之、極真空手の大山倍達などと交流があったという。

「まさかうちのトップのことは知らないだろうな」

吉村が冗談半分で聞いてみると、驚いたことに、チャーは極東会会長の松山眞一をも知る人物であった。

途端にチャーへの親しみが湧いて、チャーも吉村に何かと目をかけ、アドバイスをしてくれるようになったのだった。

「ミスターヨシ、この監獄では一度疑われたら、たとえ無実であってもひっくり返すのは容易ではない。こういうケースでは速やかに立ち退《の》かなければ、身に火の粉が降りかかるのだ」

ミスターチャーのアドバイスは的確であった。

結局、このときの事件はパシフィック・マフィアといわれるグアムやサイパンの連中の内部抗争だった。凶器はナイフだったが、そんなものはオーダーすればいくらでも手に入るのだという。

　こうした目と鼻の先での殺人や未遂など、当たり前のように日常的に繰り広げられるのだから、恐ろしい世界だった。看守や警官とて気を抜けば命を落としかねないし、囚人が殺されるのは少しも珍しいことではなかった。

　完全な無法地帯であった。

　吉村とていつ殺《や》られるか知れたものではなく、

〈オレははたしてここから生きて出られるだろうか〉

とは、ロンポックUSPに入所して一週間しか経たない吉村の、切実な実感であった。

久しぶりの酒

　アメリカの第一級のプリズンのなかでも、五本の指に入る最重刑務所といわれるカリフォルニアのロンポックUSPは、吉村にとって聞きしに勝る凄《すさ》まじいところであった。

　ニューヨーク、シカゴ、テキサス、ワシントン、カリフォルニアなどから、麻薬王、テロリスト、各国マフィアのボスといった世界の犯罪王が集まり、その大半が終身刑《ライフ》、あるいは百年、二百年もの刑を科せられ、一生出ることのできない超重罪犯ばかりなのだ。

同胞は一人もおらず、言葉も通じない。さまざまな人種の凶悪なギャングたちが跋扈《ばっこ》するなか、殺人は日常茶飯事という無法地帯へ、身一つで放りこまれた日本人ヤクザが、吉村であった。

なにしろ、入獄して一週間目には、すぐ目の前で殺人事件を目撃することになるのだから、衝撃は大きかった。

血だらけで倒れた斜め前の席の男を目のあたりにして、アメリカのプリズンの流儀を何も知らない吉村が思わず、

「大丈夫か」

と声をかけ、助け起こそうとした。

が、それは受刑者《プリズナー》なら絶対やってはならないことだった。すんでのところで、吉村はロベルトというフィリピン人に腕を引っ張られ、皆と同じように外の廊下に出ていた。

あとで吉村は、ミスターチャーから、

「ヨシ、ここではジッパー（チャック）、コルク、ノーアイズを通さなければダメだ」

と諭されることになるのだが、これには吉村も、

〈ああ、なるほど、見ざるいわざる聞かざるってことだな〉

と感心し、納得するのだった。

そうやって吉村は、ミスターチャーという格好の指南役を得たこともあって、アメリカのプリズンで生きる術を一つ一つ学んでいったのである。

それにしても、最重刑務所（ペニテンチァリー）への服役が決まってそれなりに覚悟を決めてきたとはいえ、初っ端《しょっぱな》からサプライズとショックの連続であった。

初めてロンポック・ペニテンチァリーに入獄した日、その建物を見たときの不安と不気味さはなんともいえなかった。三重のフェンスに囲まれた厳《いか》めしい警備態勢は、見るからに重々しく、圧倒されそうになったものだ。

不気味といえば、Eユニットの二人部屋で同房となった白髪でロングヘアーの老インディアンにも、吉村は驚かされた。

初対面の際、慣れない英語で挨拶しても、無表情のままに答えは返ってこないのだ。まったく表情が読めず、消灯時間になって寝に就くと、「ウーウーアーアーエーエー」というまさしくインディアンの呪文と覚しき唱えが始まった。吉村はその夜、一睡もできなかった。

〈やっぱりこういうことなんだな……〉

むしろ吉村には得心がいったような気がした。というのは、確かにこのロンポック・プリズンの外見の厳めしさにこそ恐れをなしたものの、中の雰囲気はまるで違ったので、狐につままれたような気分になっていたからだ。

入所手続きも、日本の刑務所のように威圧的ではなく、刑務官の態度も悪くなく、至ってソフトだった。新入り教育だ、分類考査だというような難しいことも一切なかった。

ボディチェックが済むと、IDカード用の写真を撮り、十分ほどのインタビューをこなしたあとで、すぐにユニットへの配室となったのだ。煩わしいことは何もなかった。

そんなスムーズさとソフトムードとが、吉村にはかえって不安の要因となった。

配室された先で、その嫌な予感がズバリ当たったような思いがした。

翌朝、一睡もできなかった吉村の前に、その老相棒はヌッと立った。前日は初対面の挨拶にもろくに応じなかったくせに、今度は先に話しかけてきた。

「○×△○×……」

何やらわけのわからないインディアンの言葉が、吉村にわかるはずもなかった。ジェスチャー付きではあったが、例によって顔は無表情のままだった。

〈やれやれ、この先どうなることやら……〉

吉村は内心でゲンナリしてそう思ったものだったが、何のことはない、それが取り越し苦労にすぎなかったとは、あとでわかることである。

実はこのとき、同房の老相棒は、

「アホー、トカヘッ」

と言って、「兄弟、よろしく」という意の挨拶をしたのだった。

このインディアンは見かけと違ってなかなかの紳士、大変温厚で親切な御仁であることがつきあううちにわかってくる。

そのことを知っている刑務所側も、新入りの吉村に配慮して、そうした配室をしたのであろう。

このスー族の首長の息子というインディアンと吉村とは、間もなく仲良くなった。

インディアンは酒づくりの名人で、グァバジュースやオレンジジュースにイースト菌を入れて発酵させ、二週間かけて「ムーン・シャイン」と称する極上の蒸留酒をつくっていた。

吉村はまだうち解けたつきあいをする前、彼がビニール袋を使って部屋でそんな酒づくりをしているとき、吉村がついアルコールの匂いにつられて、

「何をつくっているんだい？」

と覗こうとすると、

「ドントタッチ」とにべもない。

とりつく島もないので、あとで吉村がミスターチャーに聞いてみると、

「簡単だ、ヨシ、あれ欲しけりゃマネーだ。カネをあげりゃすぐもらえるぞ」

との答えが返ってきた。

「カネがないときはどうすりゃいいんだい？」

「切手か煙草でもいいんだ」

チャーに言われた通り、煙草を二《ツー》カートン持っていくと、

「オーケー」

インディアンはすぐに一・五リットル入りの「ムーン・シャイン」を吉村にくれた。普通は煙草の一《ワン》カートンでもOKであったから、吉村は上客であった。

久しぶりに口にするアルコールは、したたかに酔える上等な味わいの名酒だった。

吉村が上客とわかると、あっちこっちのプリズナーから、

「オレのも買えよ」

と声がかかった。金さえあれば、アルコールでもマリファナでも手に入れることができる世界なのだった。

脱獄の罠

ＦＢＩによって、「二千人の配下を持つジャパニーズ・マフィアのビッグボス」として盛んに喧伝された吉村は、ロンポックでも有名人であった。

情報が伝わるのは早く、吉村の入獄はたちどころにプリズン中に知れ渡っていた。良からぬ連中がいい寄ってくるのも早かった。

まず真っ先にやってきたのが、自称チャイニーズ・マフィア、その実、サンフランシスコのイカれた若いチャイニーズであった。

このアンちゃん、吉村にこう宣《のたま》った。

「ヨシは日本のヤクザだから信頼できる。今回、ＦＢＩの手先をつとめた日本人三人に嵌められたというのは、自分たちはみんな知ってることだ。ヨシが頭にくるのはよくわかる。そりゃ、誰でも許せない」

と、もっともらしいことを言ってくる。

入所早々、労をとってくれる者があって、シアター事件で助けてくれたフィリピンのロベルトやミスターチャーを始め、アジア系プリズナーへの引きまわしはすでに済んでいたとはいえ、まだ三日目である。

右も左もわからぬ吉村が、ヤングチャイニーズの話を油断なく聞いていると、はたして彼らはとんでもないことを言ってきた。

「ミスターヨシ、紹介しよう。ここにいる男は、メキシコ・マフィアのボスだ」

なるほど取り巻きを三人連れてきており、それらしい顔つきをした男が、一歩前に出た。

チャイニーズが話を続ける。

「彼はこのプリズンの中でもシャバでも顔が広く力もある。ポリスにもコネがあって、すでに中枢部のポリスを一人取りこんで話をつけてあるんだが、近いうちにそいつの手引きで脱走する」

「……」

吉村は内心で唖然として若造の話を聞いている。

「こんな話をヨシにするのは信用できるからだし、なかなかの男と見込んだからだ。どうだ、われわれの仲間に入らないか。本来ならば、五十万ドルを用意してもらうところなんだが、ヨシは特別だ。三十万ドルでいいよ」

とまあ、誰が聞いても眉に唾をつけずには聞けないようなことを平然と言ってくるのだ。

おまけに最後に抜かりなく、

「それにな、ヨシ、ユーを嵌めた例の二人組は、いつでも始末できるようにすでに手を廻《まわ》してあるから」

と言うのも忘れなかった。

だが、いくらなんでも、どちらかというと人がよくて誰でも信じてしまうタイプの吉村といえ、乗れる話ではなかった。

確かにできることなら、一刻も早くこんな地獄から出たいのは山々だった。自分を罠に嵌めた相手に対しても、殺しても飽き足らないほど怒りは消えていなかったが、それとこれとは話は別だった。

「どうだ、ヨシ、この脱走は必ず成功する。この首を賭けてもいい。仲間に入らないか」

チャイニーズが迫るのに、吉村の答えは、言うまでもなく、

「ノーサンキュー」

であった。

あとで吉村がミスターチャーに、このことを報告すると、

「ヨシ、スマート。それはいい対応だった。グッドだ。ヤツらはシックの麻薬中毒者《ジャンキー》だ。もし、ヨシがイエスと言っていたら、ひどいことになってたよ。ダブルの嵌めこみにあってたろうな」

との答えが返ってきた。

つまり、彼らは先に金を取り、そのあとでポリスに、吉村が脱走を図っていることをスネッチするというのだ。スネッチ（sneak thief）とは密告、垂れ込みのことであり、吉村たちヤクザの隠語でいえば、チンコロであった。実際いままでにも何度かあったことだという。

「とんでもねえヤツらだ」

吉村は憤ったが、プリズンではよくある類の話だった。

その後、吉村は何度も彼らと顔をあわせ話もしたが、連中はなんとも思っていないどころか、そんな話をしたことさえなかったような様子であった。

これには吉村も呆れ返るよりなかった。

その次に吉村のもとにやってきたのは、ベトナム系マフィアであった。

彼らは十五人ほどのグループをつくって、プリズン内でもせっせとブラックビジネスにいそしむ、なかなかにビッグな犯罪者たちであった。

要はそのビジネスの話を、吉村に持ってきたのである。リーダー格の男の話はこうだった。

「ここにはドラッグを欲しがる者は七百人くらいいる。彼らのうち、一人が週に一回買うとして月に四回、一回が三十ドルで月に百二十ドルだ。うちで確保してる顧客は二百人以上だから、百二十ドル掛ける二百で二万四千ドル、月に二万四千ドルは稼げる計算になるのだ。そこでヨシに、毎月一万ドルリベートバックするから、最初のネタ引き二万ドルを出してくれないか」

プリズンであるのに、麻薬中毒患者がいるというのも不思議な話だったが、実際、ジャンキーが跡を絶たないといわれるほど、ドラッグが蔓延《まんえん》しているのが実態であった。日本の刑務所とは決定的な違いだった。

嘘か本当か、ベトナム・マフィアはそのドラッグで月商二万四千ドル、約三百万円ものビジネスをしているというのだから、驚くばかりだった。

だが、取引きをもちかけられた吉村の答えは、これまた「ノー！」であったのはいうまでもない。

それでもこのベトナム・マフィア、簡単にはあきらめなかった。

「まあ、そう言わずに考え直してくれないか。ミスターヨシ、悪い話じゃないだろう」

としつこく食いさがってきた。

吉村も根負けしたわけではなかったが、その間、シアターでの殺しを目のあたりにしたこともあって、

「ドラッグの件は承諾できないが、その代わり、提案がある。おたくのグループの者で二、三人、私のボディガードをやってくれないか。それであれば、一千ドルをカンパする用意はあるが……」

との交換条件を出してみた。

これには相手もすぐに飛びついてきて、屈強なボディガードを三人出してくれた。

彼らは一年間くらい吉村にピッタリガードに付いたばかりか、何かと身のまわりの世話までしてくれた。吉村は彼らと友人として接したのだが、右も左もわからぬ身には大助かりで、

あとでつくづく、
〈一千ドルは安い月謝だったなあ〉
と思えたものだった。

自由な面会

「まあ、すごい恐ろしいところへ来たんですね。あなた、生きて帰れるの？」

USPロンポックへ初めて面会に来た妻の美代子の第一声は、実感がこもっていた。

「うん、まあ、聞きしに勝るところだよ、ここは」

吉村も久しぶりに妻の顔を見て、ホッとしたのか、ロンポックに来てから初めて心からリラックスできる時間を持てたような気がした。最重刑務所のロンポックへ入所してもう一週間ほど経っていた。

「でも、ペニテンチァリーというんだから、びっくりしました。本当に日本の刑務所とは何から何までスケールが違うのね。東京ドームが四つも入る広さっていうんでしょ。私もさっきここへ入るとき、迷って別のところへ行っちゃって大変だったのよ」

と美代子が微苦笑したが、言うほど困った顔はしていなかった。ばかりか、すぐに明るい笑顔を見せる。

吉村はその笑顔にどれだけ救われたことか、頭が下がる思いがした。

〈ヤクザの亭主がこんな立場に追いやられたら、見切りをつけてさっさと逃げだしてしまう女もいるだろうになあ。それをこいつときたら、自分だって異国の地でたった一人、そりゃ心細くてつらいだろうに、露そんなところは見せず、とことんオレに尽くしついてきてくれる。考えたら、こんなハメに陥っても、オレがなんとか保《も》ったのは、こいつがいたからじゃないか……〉

と改めて思わざるを得なかった。

美代子とて、いくらヤクザの妻になって長いとはいえ、ごく普通の家庭で生まれ育ち、最初からそれほど強い女だったわけではない。

だが、たまたまハワイに来て、夫とともに異常な体験をすることで、この一年あまりでかなり精神が強くなり、少々のことでは動じない女になっていた。

今回も、夫の服役先がUSPロンポックと決まるや、ロサンゼルスのホテルを引き払い、ロンポックからさほど遠くないサンタバーバラにアパートを借りた。喋れない英語を駆使して、契約から何からすべて一人でやったことだった。

この日、ロンポックへ夫の面会に来たのも、ロスでレンタカーを借りて高速を飛ばして駆けつけてきたのだが、途中でとんだアクシデントがあった。

なにせ十年以上も運転していないペーパードライバーで、レンタカー会社から車を借りる際も、

「アクセルとブレーキ、どっちがどっちでしたっけ？」

と聞いて、担当者を唖然とさせたほどだ。それが東京の首都高速以上の車の量と標識のややこしさで（しかも英語だ）、世にも運転が難しいといわれるロスの高速道路を走ってきたのだから、その一念たるや、すごいものだった。

案の定、途中で軽い接触事故を起こしてしまうのだが、その際、相手のドライバーとは、

「私、お金ないの。二十ドルしかないけどご免なさい」

と自分でも驚くほどの英語力を駆使して交渉、相手も話のわかる人で、互いに怪我《けが》がなかったこともあって、

「OK、こっちも会社の車、あなたもレンタカー、ノープロブレム」

金をとられることもなく、無事に話がついたのだった。

むろん面会では、美代子は夫に心配をかけまいと、そんな事故のことはおくびにも出さなかった。

「まあ、こっちも大変だったよ。初日はインディアンの祈りで眠れなかったし、一週間もしないうちに、映画を観てる目の前で殺人事件が起きるし……」

吉村も妻にボヤいたが、心底参っているようには見えなかった。どんな境遇に追いやられようと案外ケロッとしており、それが吉村のしたたかさであり、得な性格でもあった。

それより吉村も美代子もUSPロンポックの面会室に初めて入って、あまりに日本と違う自由さに先ほどからびっくりしていた。

面会室はいっぺんに五十人くらいは面会できる広さで、麻雀卓のような家族テーブルが十台ほど備えてあった。看守が横についたり、メモをとるようなこともなく、監視用のテレビカメラが二台あることはあっても、飾りのようなものだった。細かいことは何も言われず、面会者との抱擁《ハグ》はもちろん、キスもできたし、手を握りあって長い時間会話をする者も多かった。

室内には三、四台の自動販売機があり、ミネラルウォーター、ジュース、コーラ、軽いランチ、スナック等が買えるようになっていた。

そのうちに面会に来た子どもが近くを走りまわり、一層賑《にぎ》やかになってくる。日本の刑務所の面会室のような暗さはみじんもなかった。

ロンポックでは週のうち火・水曜日を除く五日間が面会日にあたり、時間は朝八時から午後三時まで、一回五人までの面会が許されていた。親族ばかりか、登録さえしていれば、友人、知人、誰であろうと面会できるシステムで、これまた親族に限られ、時間も三十分、二級で週一回しかできない日本の刑務所とは大違いだった。

面会時間は各自ポイント制になっていて、吉村の場合、一ポイントが一時間で、月四十ポイント、つまり月四十時間の面会が許可されていた。時間内であれば一日何時間でもできたし、一日一時間二十分なら一カ月毎日できる計算になった。

「とにかく躰にだけは気をつけてくださいね。私は毎日でも面会に来ますから」

吉村との話もひと通り尽きたころ、美代子はこういって夫を励ますのを忘れなかった。

「うん、オレは大丈夫だよ」

吉村は美代子が差しいれてくれた好物のミル貝寿司を旨《うま》そうに頬張りながら、

「終身刑《ライフ》か四十八年かなんていわれてたころを考えりゃ、もう怖いものなんか何もないよ。一度は死んだ身だからな。一度死ぬのも二度死ぬのも同じこと。鬼が出るか蛇が出るか、はたまた凶獣どもの巣窟かも知らんけど、オレはむしろここでの生活をエンジョイするつもりだよ」

と、美代子にとっては実に頼もしいことを言ってのけた。

注目のヤクザ

「ジャパニーズ・マフィアのビッグボス」として有名人であった吉村は、早くからほうぼうのグループからスカウトされていたのだが、二カ月ほど経ったとき、Eユニットから処遇のいいBユニットへと移った。

シアターの殺人事件で、吉村をとっさの危機から救ったフィリピン人のロベルトが所属するパシフィック・オーシャンのグループに引っ張られてのものだった。

夜十時にロックダウンとなるEFユニットと違って、ABCDユニットは警備がゆるやかで、ABとなるとほとんどパラダイス、鍵も自分で開けられる開放部屋といってよかった。

パシフィック・オーシャングループは、フィリピン、グアム、サモア、サイパン、タヒチ、ハワイ等に属する人種から成り、リーダーはジョン・ケイン、サブ・リーダーはフランク・ジョセフというどちらもグアムのギャングだった。

吉村がユニットBに移って同室となったのが、そのサブ・リーダーであるフランク・ジョセフであった。

フランクは吉村と同じ四十三歳、二十歳そこそこのときにFBIのアンダーカバー二人を射殺して終身刑《ライフ》となり、もう二十年以上も服役している男だった。その事件をグアムで引き起こしたのはベトナム戦争から帰って間もなくのことで、うしろ手錠をされたまま拳銃をぶっ放し、二人を射殺した事件としてよく知られていた。フランクはそんな経歴が信じられぬほど物静かで、できるだけ事を荒だてない主義の、万事抜かりのない男だった。

ときどき部屋で桶《おけ》に湯をいっぱい汲《く》んで、足を膝下まで浸し、日本の温泉の足湯のようなことをやっているので、吉村が不思議に思い、

「いったい何をやってるんだい？」

と聞くと、

「ああ、これが長く生きる秘訣《ひけつ》なのさ」

と終身刑の囚人は、澄ました顔で答えた。グループリーダーで二歳年上のジョンとはいいコンビで、吉村から見ると、新撰組の近藤勇《こんどういさみ》、土方歳三《ひじかたとしぞう》といった趣きがあった。

この二人が当時最も興味を持っていたのは、ロンポックに三十人ほどいるパシフィック・オーシャングループをいかに強固な組織につくりあげるか――グループの徹底した組織化ということだった。

二人が何よりも注目し、そのシステムを真似しようとしていたのが日本のヤクザ組織で、吉村をBユニットに引っ張ったのも、それを教わる目的があった。そのため、Bに移ってからというもの、ジョンが折に触れて、吉村に訊いてきた。

「なあ、ヨシ、ジャパニーズ・ヤクザの組織形態というのはどうなってるんだい？　教えてくれないか」

「ああ、いいよ」それは機密事項でも何でもなく、マスコミにもオープンにされていること

だった。

吉村のレクチャーが始まった。

「トップである会長がいて、その下に組織運営のリーダー役の代行がいて、理事長、幹事長、本部長という三役がいて、あとは対外的な交渉役を担う渉外委員長とか、冠婚葬祭を担当する慶弔委員長、事務局を預かる事務局長とか各セクションを担当する役員とかが何人かいて、さらに要の執行部があって、これらの集団が組織運営の中枢を担ってる。その下に大勢の幹部や準幹部がいて若い連中をまとめてるってわけだな」

「フーン、で、その組織運営に携われる人材となると、どんなメンバーなんだい？」

「そりゃ、優秀な企業と同じ。手腕、識見、器量、実績がものをいう世界だ」

「他のマフィアと違う、ジャパニーズ・ヤクザの特徴って何だろうな」

「上下関係がはっきりしていて、タテの線がきっちりしてることだろ。盃で結ばれた血盟同然の絆《きずな》があり、ことのほかファミリー意識も強い。上の者に対する忠誠心とリスペクトも徹底してる」

ジョンは吉村の話を聞いているうちに、ますます日本のヤクザ組織への憧れを強めたようだった。

吉村の刺青にも関心を示し、

「ヨシ、ドラゴンはわかるけど、胸に彫った円の中の文字は何を表わすんだい？」

と訊ねてきた。円というのは、極東会の代紋である桜花を型どったもので、その中に「忠」という文字が彫ってあった。死んだ兄貴分の極新会初代会長・富岡忠男の「忠」だった。

「うん、これはオレが一番尊敬する兄貴分の名前さ。新宿でずっと一緒にやってきて、もう死んじまったんだけどね」

「そうか、そうやってリスペクトするボスの名や忠誠の対象を胸に刻みこむのが、ジャパニーズスタイルなんだな」

ジョンが感心したように言った。

さっそく自分も刺青を入れたばかりか、プリズン内の配下の三十人全員に命じて、同様に彫らせた。それは吉村を真似た円を胸に描き、その中に龍を躍らせ、さらに「パシフィック・オーシャン」という文字を入れたものだった。

それにしても、刑務所の中に彫師が存在し、金を出せばいつでも彫ってもらえるというのだから、日本では到底考えられなかった。

このパシフィック・オーシャンのボスであるジョン・ケインは、やはり終身刑《ライフ》で長くつとめている身であったが、ロンポック・プリズン内でもなかなかの顔であった。

ある日、ジョンが吉村に、

「ヨシ、ここにはイタリアン・マフィアの超大物クラスも入ってるんだけど、彼らに会いたくないか」

と訊くので、

「えっ、そりゃ、ぜひ会いたいね」

と言下に答えた。すると、ジョンは、

「じゃあ、ちょっと訊いてみるよ」

と事もなげにいう。イタリアン・マフィアの大物に顔が利くと知って、吉村はジョンを見直す思いがした。

その返事を、ジョンはすぐに持ってきた。

「ヨシ、オーケーだ。むこうもヨシのことは知ってたよ」

重刑のイタリアン・マフィア

その日、夕方六時、吉村が食事に招待されて、イタリアン・ファミリーのサロンへ顔を出すと、

「おお、ヨシ、いらっしゃい。待ってたよ」

真っ先に迎えてくれたのは、イタリアン・マフィアの大物で、ニューヨーク・ボナンノ一

家のカーマン・スネークだった。

　他に、マフィア映画『グッド・フェローズ』でロバート・デ・ニーロが演じた人物のモデルとなったタァーコ、デトロイトの牧場に五大ファミリーが勢ぞろいした際に、数百人のFBIに急襲された逮捕劇──「デトロイト事件」のボス、あるいはアントニーという超有名ヒットマンなど、十人ほどのイタリアン・ファミリーが顔をそろえていた。

　ほとんどが終身刑《ライフ》、もしくは二百年、三百年という刑の者ばかりで、一番短い者で百二十年という凄まじさだった。カーマン・スネークやタァーコ、デトロイト事件の大立者はいずれも七十歳前後、ヒットマンのアントニーだけは若く、吉村とそんなに歳は変わらなかった。

　そのイタリアン・マフィアの超大物──アメリカ暗黒街のスーパースターたちが、吉村に対し握手どころか、いきなり抱擁《ハグ》で躰ごと歓迎の意を表してくるのだから驚きだった。

　これには吉村も感激し、初対面の緊張もどこかへ吹っ飛んだ。言葉はわからずとも親愛の情は肌で伝わってきて、すぐにうち解けることができたのだった。

　ここへ来る前、ジョン・ケインから、

「カーマン・スネークがヨシを食事に招待したいと言ってきてる。イタリアン・クラブに来てくれとのことだ。すごいな、ヨシ、連中のサロンに入れるヤツなんてめったにいないぞ。ポリスだって入れないし、普通なら誰も入れないんだ。ヨシは連中のお眼鏡《めがね》に適《かな》ったってことだな」

と言われ、どんなにすごいマフィアの大物か、予備知識を得てきたのだが、吉村にはいまひとつピンと来なかった。が、何ら先入観を持たずにやってきたのが、かえってよかったのかも知れない。

ジョンたちのパシフィック・オーシャングループにもプリズン内にサロンはあって、吉村も出入りを許されていたが、イタリアン・ファミリーのそれは比較にならぬほど豪勢だった。部屋にはイタリアの国旗が掲げられ、自分たちファミリーの写真もあった。革張りのソファーが置かれ、料理ができるキッチンがあり、七面鳥を焼けるオーブンもあった。

「まず乾杯しよう」

カーマン・スネークがいい、アントニーがワインの栓を抜くと、各人のグラスに注いだ。むろんプリズン内でつくった自家製のワインだった。

「ガブラッシュ！」

タァーコが音頭をとり、皆が一斉にワイングラスを掲げた。

「ガブラッシュ！」

それは「神の御加護を！（God bless you!)」という意味で使われる言葉であるとは、吉村もあとで知ることだが、神を敬ったり儀式にこだわったりするところなど、日本のヤクザと相通じるものがあった。吉村の気に入ったことのひとつだった。

ワインを飲んで和気藹々《あいあい》のムードとなり、吉村も次第にホロ酔い加減になっていく。堅苦しい雰囲気は一切なく、皆がリラックスしている。

そのうちに料理も出てきた。料理人は二人ほどいて、麻薬の運び屋といった、ファミリーのなかでは一番の下っ端、十年二十年の刑の者という。

彼らの手で、ミートボール入りのスパゲティ、ステーキなどの御馳走《ごちそう》がどんどんテーブルに並べられる。

ガーリックが効いたステーキは柔らかくて、このうえない美味だった。吉村は思わず、

「こりゃ旨いや!」

と嘆声をあげていた。アメリカへ来て、これほど旨いステーキを食べたのは初めてだった。

ステーキばかりかミートボールも旨く、ワインも上質のもので酔い心地がよく、吉村は初めてのイタリアン・クラブですっかり寛《くつろ》いでいた。

イタリアン・マフィアの大物たちも、吉村を気にいったらしく、何かと話しかけてくる。

だが、悲しいかな、この時期、吉村の英語力はさっぱりで、言葉はほとんどわからなかった。それでも彼らが大層歓迎してくれていることだけは肌でわかり、吉村も心から愉《たの》しい時間を持てたのであった。

実はイタリアン・ファミリーはこの日、英語のできない吉村のために日本語のわかるギリシャ人までサロンに呼んでくれていた。

しかし、このギリシャ人、日本にも二年ほどいたことがあり、日本語を片言喋れるという触れ込みなのだが、どうにも怪しかった。吉村にすれば、同じ片言ならどう見ても、プリズンでの指南役である韓国マフィアのミスターチャーのほうが上手かった。

吉村が、

「日本のどこにいたんですか」

と訊いても、彼は、

「トーキョー、トーキョー」

としか答えられず、おまけに、

「とてもおいしいわ。元気でやってますわ」

といった調子の女言葉なのだ。

吉村の見るところ、東京にいたというのは嘘で、おそらくギリシャに来ていた日本人女性とつきあいがあったという程度なのであろうと推測された。イタリアン・ファミリーにすれば、通訳のつもりで呼んだのだろうが、その用をなしていなかった。それでいて彼はときどき、

「はい、ワタシ、電話、電話、食べました」

などと突拍子もない日本語を喋って、吉村を唖然とさせたり、吹きださせたりして、場をリラックスさせるのに一役買ったのは間違いなかった。通訳としては役立たずでも、吉村にはイタリアン・ファミリーのその気遣いがうれしかった。

吉村はつくづく、

〈こりゃ英語を覚えなきゃ、それこそ話にならないなあ〉

と痛感したのも、このときの体験が大きかった。

英語を猛勉強

ロンポック最重刑務所へ入所して、吉村が最初に配属された作業場は戦闘機の部品をつくる工場であったが、そこのプリズナーのボスからは、

「ヨシ、おまえはやらなくていいよ。英語わからないんだし、どこへでも行って遊んでろ」

と仕事を免除されていた。

その分、毎日暇をもてあまし、時間を潰すのが難であった。映画を観たり、英語のできないスパニッシュの連中と図書館へ行って英語の授業を受けるのも日課となっていた。

もっとも、吉村ばかりか皆が熱心に英語教室に通ったのは、三十代のグラマーな女教師が

目当てだった。彼女が黒板に向かうとき、そのジーンズ姿のセクシーなお尻を食いいるように見つめたいがためだった。

だが、吉村だけは、イタリアン・クラブへ行った翌日から授業を受ける態度がガラッと変わった。早く英語を覚えようと必死になったのだ。それ以来、必要に迫られた吉村の英語力が嫌でもグンとアップしていったのはいうまでもないが、グラマーな女教師の霊験あらたかというものだろう。

ともあれ、吉村は初めて招待されたイタリアン・クラブで、世界的に有名なマフィアのビッグボスたちと、ことのほか愉快なひとときを過ごしていた。食事は美味だし、酒も旨い。イタリアン・マフィアたちも皆、超大物と聞いてはいたが、少しも偉ぶらず、気さくな気持ちのいい男たちばかりだった。

ファミリーたちも吉村との出会いがよほど愉しかったのか、終始御機嫌で、たっぷり時間をかけて食事を終えると、ワイン片手にクッキーをつまみ、テレビを見ながら、

「どうだ、ヨシ、ポーカーをやるか」

と吉村をポーカーゲームに誘ったりした。

残念ながら吉村はポーカーはできなかったのだが、夜も更けてそろそろ帰らなければならない時間になったとき、名残《なご》り惜しさに吉村がつい、

「皆さんと一緒に写真を撮らしてもらえませんか」

とカーマン・スネークに申し出ていた。

今日の記念にどうしても集合写真を撮っておきたいという気持ちからのもので、何ら他意はなかった。

だが、このとき吉村はまだ知らなかったが、それはイタリアン・ファミリーにすればとんでもない申し出で、彼らが誰であれ第三者に写真を撮らせるようなことは考えられない話で、いまだかつてあり得ぬことだった。日本のヤクザ組織と違って、秘密結社である彼らファミリーは徹底した秘密主義を貫いて、自ら顔をさらけだすことなどなく、自分らがマフィアであることさえ隠しているのだ。

「写真？　ヨシはそれを何に使うんだい？」

とカーマン・スネークが聞いてきたので、吉村も、

「今夜の思い出に撮っておきたいんです」

と意とするところを打ちあけた。

「フーン」カーマンは少し考えているふうだったが、仲間にもその話を披露したあとで、やがて、

「オーケーだよ、ヨシ」

と言ってきた。

かくて世にも珍しい集合写真が生まれたのだ。並みいる歴史的なイタリアン・ファミリーのボスたちに、吉村が混じった貴重な写真であった。

夜十時、いよいよ別れる段になって、彼らはそれぞれ小さな珈琲《コーヒー》カップを手にした。吉村も珈琲を注いでもらい、カップを持った。

それはイタリアン・ファミリーの別れの儀式に他ならなかった。と同時に、それは彼らと吉村との長いつきあいの始まりをも意味した。

最後も音頭をとったのは、タァーコだった。タァーコがカップを高く掲げた。

「ガブラッシュ！（神の御加護を！）」

「ガブラッシュ！」

彼らは一気に珈琲を飲み干し、吉村もそれに倣った。

一枚の写真

それから一カ月ほど経ったときのことだった。

幹部刑務官《ポリス》二人がＢユニットに吉村を訪ねてきた。

「ボスがユーに面会だ」

というので、そう言われてもとっさに誰のことかわからない吉村が、

「ボス？」

と怪訝《けげん》な顔で訊ねると、

「所長だ」

幹部はUSPロンポックで一番地位の高い人物のことを告げた。

同房のフランク・ジョセフが仰天するなか、吉村は驚くより先に面食らい、

「所長がオレに何の用だろう？」

と首をひねるばかりだった。所長に呼び出しを受けるようなことは、何ら身に覚えがなかった。

「そういうわけだから、所長室に案内する。オレたちについてきてくれ」

要するに幹部二人はロンポック最重刑務所所長の命で、吉村を迎えに来たのだった。

吉村が本当にびっくりしたのは、最上階にある所長室に着いてからのことである。所長室はまるで御殿のような趣きがあり、吉村が囮捜査に引っかかって捕まったときのハワイの最高級ホテルのスイートルームより豪華だった。

吉村が幹部に続いて入室すると、五十代と覚しき貫禄《かんろく》たっぷりの所長がにこやかに迎え、側に三十代ぐらいのインテリふうの白人男性が立っていた。日本語の通訳だった。

「プリーズ」

吉村は躰が埋もれてしまうほどクッションの効いたソファーにすわらされた。

所長の様子を見ても、

〈こいつは案外悪い話じゃないかも知れんな〉

とは、吉村にも薄々予測できたが、不気味な感はぬぐえなかった。

通訳が開口一番、

「吉村さん、今日、何で呼ばれたのか、わかりますか？」

と変なアクセントの日本語で訊いてきた。

「いや、見当もつかないよ」

吉村が答えると、通訳は意外なことを言った。

「実はお願いがあって来てもらったのです。吉村さん、あなた、ここにいるイタリアン・ファミリーのメンバーと一緒に撮った写真を日本に送りませんでしたか」

通訳の問いに、吉村はすぐに思いあたることがあったので、

「ああ、確かに送ったよ」

と答えた。先日、イタリアン・クラブに招かれた際、ファミリーの大物たちと写真を撮り、それを自分の親分である極東会会長代行の池田亨一のもとへ、大きな封筒に入れて送ったの

だ。

何より異国の地で、この通り元気でつとめてますよ、というメッセージのつもりだった。写真の裏には、各大物の名前まで書きこむサービスもした。

吉村は不安に感じながらも、

「それが何か」

と訊くと、

「その人たちと吉村さんは仲良くしてるんですか」

逆に通訳が質問してくる。

「うん、仲良くしてるというのかどうかはわからないけど、いつも会ってるし、いいつきあいもしてるよ」

吉村の答えに、通訳が満足そうにうなずくと、はたして本題に入った。

「実は、あの写真を見た日本のマスコミから、吉村さんをぜひ取材したいというオファーが来てるんです」

「はあ？……」

吉村はポカンとした顔になった。

通訳の話によると、吉村が送った写真を見たジャーナリストがいて、いろいろ調べた結果、いずれも一九六〇年代に全米を揺るがすような大きな事件を起こしたイタリアン・マフィアの大物ということが判明し、マスコミも、

「こいつはすごいじゃないか！」

と大層興味を持ち、ぜひ取りあげたいとの意を示したのだった。

なにしろ、そんな大物たちがそろい踏みした写真など、いまだ世に出たことがないのだ。

というより、彼らの写真自体が珍しく、ロンポックの所長といえど、彼らを撮るのは不可能なことといわれた。

なんでも日本のマスコミは、取材謝礼として五百万円出すと言っているらしい。要するに、早い話が、所長の意向は、

「オレにもカネが入るんだから、吉村、おまえ、取材に応じろ」

ということなのだった。

吉村はようやく合点がいった。

〈ハハーン、そういうことか。それにしたって、この所長、とんだ食わせものじゃないか。トッポいヤローだ。けど、これがアメリカってことなんだろうな……〉

と内心で呆れる思いがしたが、人一倍好奇心旺盛な吉村のこと、この話、受けてもいいという気になっていた。

「どうですか、吉村さん、応じてくれますか」

通訳が確認をとるように、聞いてきた。隣では、所長がにこやかにすべて得心顔で、先ほどからの二人のやりとりを聞いている。

「まあ、ここで即答というわけにはいかないよ。私も相談したい人間もいるので、少し待ってもらえるかな」

吉村が思わせぶりに答えた。

日本の親分

「何だ、光男、事務長から聞いたよ。おまえ、何時に電話してると思ってるんだ。事務長も怒ってたぞ」

電話から響いてくる池田亨一の声は、相変わらず実の父親のような厳しいトーンで、吉村はいつ聞いても懐かしかった。

「すいません。日本とこっちは時間が合わなくて……」

「そりゃ当たり前だろ。そっちの夜は、こっちの朝だ」

池田が電話の向こうで苦笑しているのが、吉村にも伝わってくる。

吉村はいままでもロンポックから東京・新宿の極東会眞誠会本部事務所へ、もう何度電話したかわからない。電話魔の吉村は、酒を飲んで酔っ払うと、誰彼となく電話をしたくなり、ほうぼうへ電話をかけるのがつねだった。

日本の刑務所と違って、アメリカのプリズンは自由に電話をかけることが可能で、十五分で一回切れるのだが、何回でもかけ直すことができた。こののち、大統領がクリントンからブッシュに代わったとき、少し厳しくなって電話は月三百時間に減らされるのだが、ロンポック時代はかけ放題だった。

「で、どうしたんだ、何かあったのか？」

吉村が何か緊急の用事があるらしい——との報告を眞誠会事務長から受けていた池田は、さっそく吉村に訊ねた。

「ええ、実はこの間、親分のとこに送った写真、あれがきっかけになって……」

吉村はロンポック最重刑務所の所長に呼びだされ、同じプリズンに服役中のイタリアン・マフィアの件で、日本のマスコミの取材を受けるよう頼まれたことを縷々《るる》話した。

池田は聞くなり一喝した。

「バカヤロ、そんなもん出たら、早く帰れるもんが帰れなくなるだろ。ダメだ。そんなもん出るんじゃない。光男、おまえは早く帰ることだけを考えてりゃいいんだ。よけいなことはするんじゃない」

厳としていい、吉村に少しの言い分も許さなかった。厳しいなかにも親の愛情がこもっており、これには吉村も、

「はい、わかりました」

と答えるしかなかった。鶴の一声で、取材の話はなしとなったのである。否も応もなかった。

〈やっぱりうちの池田は、人間が堅いや。所長、ガックリくるだろうな〉

吉村にも入るはずだった多額のギャラをもらいそこねて少々惜しい気がしたが、それ以上に、変わらぬ池田の頑固さを知って、吉村は痛快になった。

この時期——平成六（一九九四）年、海の向こうの日本では、吉村が所属し、池田が松山眞一会長の片腕として会長代行をつとめる極東会は、前年の激動に次ぐ、大いなる試練を乗り越え、松山五代目体制も発足、盤石の組織固めの第一歩を踏みだそうとしていた。

この年の極東会の指針は、『協心戮力《きょうしんりくりょく》』『堅忍不抜』であった。

池田が編集長をつとめる極東会眞誠会の機関誌『限りなき前進』（平成六年四月号）の巻頭言において、松山眞一はこう述べている。

《御承知の通り、この業界をめぐる情勢は諸般の事情と経済的状況からまことに厳しい現実に直面している。〝諸般の事情〟については敢えて揚言するつもりはない。厳しい現実につ

いては諸賢は身をもって体験されていることであろう。
この苦境を乗りきるには、我々には『協心戮力』を旨とすべきであろう。協心戮力とは全ての力を合わせて心を一つにし、互いに協力しあうことである。お互いに互助の精神を発揮して団結し、内々に和の心を通わせることを心懸けようではないか》
《今世紀も余すところわずかに六年。日本も世界も一層の変貌を遂げて行くことであろう。それは時代の趨勢《すうせい》であり、我々にはそれにあらがう術とてない。しかし、神農道を守り抜く『堅忍不抜』の精神だけは忘れたくないものである。
そもそも世道人心が変転するように、その産物でしかない景気が浮沈するのはむしろ当然のことであろう。いたずらな悲観はこの際禁物である。それよりもこの逆境を奇貨とし、禍《わざわい》を福に転じることこそ大切だと思う。たとえどのような事態に直面しようとも、神農道の精髄さえ腹に秘めていれば、必ず苦境は打開できるはずだ。
私は堅忍不抜の意気を持ち、協心戮力の信念を秘めて神農道の精神に邁進《まいしん》されることを重ねて望んでやまないものである》
そしてこの年、極東会にとって何よりも画期的な組織改革となったのは、直参制の導入であった。
会長トップの松山眞一と幹部との間で、兄・舎弟、親子の血縁盃が取り交わされ、十人の五代目松山舎弟、三十二人の五代目松山直参が誕生したのだった。極東会は、松山五代目を頂点とする直参ピラミッド型組織体制の構築に向けて、そのスタートを切ったのである。これはテキヤの有史以来、初めてといってよかった。

密告者

吉村が所長《ボス》に呼び出されたというニュースは、その日のうちにロンポックのプリズン中に伝わり、受刑者《プリズナー》全員の知るところとなった。

それはプリズナーにすれば、驚き以外の何ものでもなかった。なにしろ、ロンポックUSPの所長といえば、ここでの最高権力者、いまだ会ったこともなければ、顔を見たこともないというプリズナーが大半なのだ。

そんな大物に呼び出される吉村というのは、いったい何者なんだ？――というのが、大方の反応である。

「ヨシというのは、それほど大物なのか？　ジャパニーズ・ヤクザのビッグボスっていうのはすごいんだな」

と不思議がり、畏敬の念を抱く者も少なくなかった。

吉村といえば、ざっくばらんな性分で隠しごとをするようなタイプではなかったので、仲良くしているパシフィック・オーシャングループのジョン・ケインやフランク・ジョセフから何を訊かれても、あけっぴろげに答えた。

「ヨシ、ボスと会ったのか？」

「ああ、会ったよ」

「何を話したんだい？」

「うん、日本のマスコミから取材のオファーが来てて、五万ドル払うっていってるから、ぜひ出ろって、所長が言うんだよ」

「それで何て答えたんだい？」

「いや、断わったよ。オレは出ない」

「オー、マイゴッド！　何でだ？　そりゃ、もったいないじゃねえか」

「ああ、オレより所長のほうが、謝礼金の半分を取りそこなってガックリしてたらしい」

「ハッハッハッ、そいつは本当だろ。けど、惜しいな。それだけのカネがあれば、毎日ポーカーができるじゃないか」

などといった他愛もない会話を楽しんでいたのだが、その一方で、吉村の所長面談に関しては、他のプリズナーの間でいろんな臆測も飛んでいた。その最たるものは、

「ヨシはポリスのアンダーカバー（スパイ）じゃないのか」

「官とつるんだ密告者《スネッチ》かも知れんな」

というもので、吉村のプリズンの指南役であるミスターチャーも、

「ヨシ、危ないぞ、いろんなことを言ってる連中がいる。気をつけたほうがいい」

と警告してくれるのだった。

これには吉村も、

「FBIのアンダーカバーの罠に嵌まって、いまここにこうしてつとめているこのオレがアンダーカバーというのは、とんだお笑い草だ。泣けてくるほどだよ。スネッチっていうのも、ジャパニーズ・ヤクザに対する最大の侮辱だな。スネッチになった瞬間に、ヤクザがヤクザでなくなるんだから」

と一笑に付したが、誰であれ、そう疑わざるを得ないほど、アンダーカバーもスネッチもやたらと多いのがアメリカのプリズンの実態であった。

アンダーカバーと聞くと、吉村にはたちまちハワイで囮捜査に引っかかり、逮捕されて以来の嫌な記憶が甦ってくる。

あの裁判期間中の地獄のような日々。ハワイのことはもう二度と思い出したくなかった。

いや、ハワイだけではなかった。ハワイから初めてロサンゼルスのカリフォルニアMDC（拘置所）へ移送された日。

それはロサンゼルスのリトル東京のすぐ近くに聳《そび》え立つ十五階建てのビルだった。

外観といい、オートロック式の設備といい、きわめて近代的なビルの中に拘置所はあったが、吉村がその日入れられた部屋は、あたかも精神病院の鎮静房のようであった。

アメリカとは思えぬ小さな部屋で、小窓が一つあり、壁はシミだらけのマット入りの完全防護壁。水道、トイレこそ付いてはいても、使用するのがやっとというような代物だった。

それでもその時分の吉村には驚くべきことではなく、アメリカというところはすべてそういうものなのだと思わされるようになっていた。大概のことに馴《な》らされ、我慢できたのである。

だが、このときばかりはひどすぎた。まずまわりの収容者たちが、一日中休む暇なく壁を叩き、大声で怒鳴り散らし、あまつさえ壊れたラジオのように歌を唄うのだ。

そのうちに今度はいつのまにか床に水が流れこんでくる。あれよあれよという間に部屋中が水浸しとなり、足首まで浸水となった。

その後も水は増え続ける一方なので、吉村はたまらずポリスを呼ぶのだが、いっこうに反応がない。

これはどうしたものかと思っていると、ようやく廊下から雑役夫がバキュームホースで水を吸いとる音が聞こえてきた。およそ三十分もすると、水はやっと退《ひ》いていった。

あとでわかったのは、それが未決囚の申しあわせたストライキで、各フロア一斉にトイレに布を詰めて水を溢れさせたものだった。

吉村はその部屋に三日間留め置かれた。どこでも寝られるのが身上のタフな男も、さすがにこの三日間はひどい寝不足に陥ったものだ。

四日目に取調べ官が通訳を連れて面談に来たときほど、吉村も救われた思いがしたことはなかった。そこで苦情を訴えた結果、吉村はやっとのことで一般ユニットに移れたのだった。

そのユニットも実は数ある中で最悪とされるところであったのだが、吉村にはあのときの解放感を忘れられなかった。

それもこれもすべてはFBIの圧力と嫌がらせであるとは、あとで知ったことだった。考えてみたら、ロスの拘置所に限らず、その種のことはハワイでも何度経験したかわからなかった。いまなら思いあたることばかりだった。

FBIはジャパニーズ・ヤクザを政府のプロパガンダとして生贄《いけにえ》に供するため、徹底的にプレッシャーをかけて何が何でも精神的に追いつめたかったのだ。

そんな経験をした男が、ロンポックUSPの所長に呼びだされ面談したことで、今度は自分がアンダーカバーとかスネッチと一部で疑われているというのだから、思わず笑えてくるのだった。

が、笑ってばかりいるわけにもいかなかった。吉村のことを本当に官のまわし者と疑っている人間がいたとしたら、いつ命を狙われるともわからず、ミスターチャーが忠告したように、危険このうえなかった。

そんな折、吉村に幸いしたのは、すっかり親密になったイタリアン・マフィアのボスたちが、吉村の一番のシンパになってくれたことだった。

「アンダーカバーの罠に嵌まってここへ落ちてきた者が、アンダーカバーであるわけがないだろ。スネッチ？　バカなことを言うな。彼は誇り高きジャパニーズ・ヤクザだ。誰もヨシに手を出すんじゃないぞ。彼はわれわれのフレンドだからな」

と暗にお触れを出してくれていたのだった。

そうなると、吉村に牙を向けてくる者はなかった。それでなくても、今度の一件で、「ヨシってのは只者じゃないぞ。やっぱりジャパニーズ・マフィアのビッグボスのことはある。所長《ボス》と直に話ができる男だからな」

との声のほうが大きくなっていた。

官からも、みすみす金になる話を蹴飛ばした男として、一目置かれる存在になっていた。看守たちから何かと贔屓《ひいき》にされた。

そういう意味では、チンピラや半端な受刑者のいないＵＳＰに収容されて逆に幸いしたこといい、所長に呼び出された時期のタイミングのよさといい、吉村には運も大きく味方した。

看守のいろいろ

アメリカのプリズンでは看守のことをCOといい、コップ（ポリス）の意であった。所長ウォーデン以下、各幹部、コップと五〜六階職になっているのは、日本の刑務所と同じだった。看守がCOで、看守部長がオフィサーであり、その上のルテナというのは、日本でいう特別警備隊のことであった。

吉村の目から見ても、日本と違って、看守は概して陰険さがなく、いずれも陽気な者が多かった。

「ヘイ、ハーイ、ヨシ、元気か」

といった調子で声をかけてくるのだ。

彼ら自身が一様にお喋りで賑やかなせいか、プリズナーが大声で喋っても何も言わないばかりか、歌を唄おうが口笛を吹こうが、一切お咎《とが》めなしだった。

つまりはプリズナーを人間として処遇していたわけである。そうではなく、日本の刑務所のように暴力看守が存在したり、イジメのような挙に出たりすれば、必ず報復されるということを彼らは身に染みて知っていたからだった。

吉村はそれを目のあたりにしたことがあった。

ロンポックのユニットの造りは五、六種類あり、吉村が遭遇した事件は一般的なプール型ユニットで起きた。三階建ての二百人ほど収容できるタイプだった。

その二階から報復に燃えたプリズナーがカップ・ポリスを狙った事件で、手口はいたって単純であった。週一度の買いつけで入手した食品用オイル（オリーブオイル）をマイクロウェーブで煮えたぎらせ、それを二階から看守目がけ頭から浴びせるのだ。

次の瞬間、吉村は目も当てられない惨状をしかと目撃することになった。

看守は顔と頭の半分がケロイド状態になるほどの大火傷《やけど》を負うことになるのだ。

〈ああ、そうか、こういうことだったのか〉

と吉村が得心したのは、以前に見たケロイドの看守のことを思い出したからだった。

プリズナーの度のはずれた悪さもここに極まれりといったところだが、それでも殺されなかった分、まだマシだったかも知れない。吉村が五年ほど過ごしたロンポックUSPでは、その間、二人の看守が犠牲になっているのだ。

吉村にしても、酒を飲み、マリファナを吸うなど、さんざん規則を破っておきながら、ロンポック時代、ただの一度も懲罰房《ホール》へ送られなかったのは、奇跡に近い僥倖といってよかった。吉村がポリスに一目置かれ、人気があったのも幸いした。いわゆる日本でいう〝顔ヅケ〟があったのも確かだった。

面会の際、妻の美代子のヘネシーの持ち込みがバレかけたこともあった。

吉村は、美代子が面会のたびにセルロイド容器に入れて持ち込む一合のヘネシーを飲むのを愉しみにしていた。面会室で妻が珈琲カップに注いでくれたそれを一気に二息で呷《あお》るのだが、高級ブランデー・ヘネシーの豊潤な味わいは、嫌でも夜な夜な飲み歩いた新宿・歌舞伎町時代を思い出させてくれた。

ところが、あるとき、面会前の検査で美代子の番になって金属探知器が鳴ってしまった。いつもはおにぎりや寿司をサランラップに包んで持ってきていたのを、その日はたまたまアルミホイルに包んできたからだった。

〈いけない〉と美代子はとっさにヘネシー入りのセルロイド容器を椅子の下に隠した。すぐに女看守がやってきて、美代子の持ち物が調べられた。金属探知器が反応したのはアルミホイルのせいとわかり、あとは何も違反となるものは出てこなかった。

それでも美代子は面会が禁止され、その日は帰された。当然ながら椅子の下からヘネシーは女看守によって発見され、上司に報告された。

だが、キャシーという女の幹部看守は、それが吉村に持ち込まれようとしていたものだと察しがついていても、その一件を何ら問題にしようとはしなかった。キャシーはまだ三十代のグラマーな金髪の美人看守として受刑者の間でも人気が高かった。

　このときばかりではなかった。吉村が部屋で酒を飲み、ほろ酔い状態になっていたとき、若手の看守に見つかったことがあった。

ドライバーがやらされるような風船による検査にかけられ、

「息を吐け」

と命じられた吉村はいよいよ観念した。

〈ああ、これで一週間、独居房《ホール》行きだな。罰金も三百ドルか〉

案の定、〇・七ミリの酒気帯び状態という結果が出て、

「ヨシを独居房へ」

と声高に告げられたとき、キャシーがやってきた。

「ちょっと待て、ヨシ、もう一度息を吐いてみろ」

と同じ風船検査をやらせるのだ。

再び吉村が息を吐くと、キャシーは、

「オーケー、ノースメル、ノープロブレム」

と告げ、若手看守には、

「おまえはいいから行け、ヨシはいいんだ」

と命じ、吉村を無罪放免にするのだった。

このキャシー、彼女のお尻を凝視したというだけの理由で独居房《ホール》行きさせるほど厳しい鬼の女看守として、プリズナーの間では有名であった。それがなぜ吉村にだけは優しかったか、ロンポックの七不思議と言われたものだ。

射殺される脱獄者

ロンポックの受刑者たちは、看守に熱々のオリーブオイルをぶっかけることなど朝メシ前という、選《え》り抜きの凶獣や悪《ワル》がそろっていたが、それに対して官のほうも容赦なかった。

とくに日本の特別警備隊に当たるルテナは、プリズナー殺しを楽しんでいるようなフシが見られた。

吉村は初めてロンポックUSPに入所したとき、夜中に唸るような声で祈りを捧《ささ》げるインディアンには初っ端から度肝を抜かれたが、やがて仲良くなった。

彼らはどこのプリズンでも、彼らだけのテリトリー（インディアン地区）を持つことを許されていた。

ロンポックでも広大な運動場にインディアンテント（スエットハウス）を張り、ウィークエンドにはつねにイベントを開いて仲間が寄り集まってコミュニティを築いていた。テントの中に穴を掘り、石焼きブロックをつくってサウナ状にして、そこで料理をつくり唄ったり太鼓を叩いたり儀式を行なうのだった。

ある日曜日、そこへ吉村が招待されたことがあった。スエットハウスにインディアン以外の人種が招待されることはめったになく、吉村はよほど彼らに気に入られたのであろう。

真っ暗なテントの中で、彼らは焼け石にどんどん水をかけていく。もうもうとした蒸気があがり、ハウスの中は温度が急上昇し、サウナ風呂のように暑くなる。

普通の者なら耐えられない暑さでも、吉村は昔からサウナ大好き人間だった。ハワイで捕まる前、東京で暮らしていた時分、地元の新宿の伊勢丹近くのサウナへ毎日通っていたことが懐しく思い出された。

それでもさすがに吉村も二十分も入っていると、かなりのぼせてくるのだが、彼らは、

「兄弟よ、土に口を付け、冷たい空気を吸えばいい」

と教えてくれるのだ。インディアンは吉村のことを「兄弟」と呼んだ。

その日、彼らは花の首飾りを掲げ、土にひれ付して、

「ブラザーのために」

と祈りを捧げるので、吉村が、

「何かあったのか、今日は特別の日なのか？」

と訊いてみた。すると、

「今日は一年前に兄弟たちが死んだ日だ」

という。

吉村がまだ入所する前の話だが、ロンポックUSPに服役していたインディアンのスー族の仲間三人が脱獄を企てた事件があったのだ。

彼らは何の計画もなく、無謀にもたまたま構内に入ってきたトラックに乗っかって逃げようとして失敗、特別警備隊の連中に撃たれて一人が即死、二人が重傷を負ったのだった。

プリズナー三人が脱走——の知らせを受け出動したルテナたちは、スナイパー・ライフルを構え、脱獄者が塀の前に現われるのをいまや遅しと待っていた。いずれも軍人あがりで、捕まえるより先に撃ちたくてたまらないような連中だった。

三人が三重の塀を乗り越えようとして、最初のフェンスによじ登ったとき、いきなり一人が、

「ズドン！」

と頭を撃ち抜かれた。続いて他の二人は腰の下を狙われた。最後に機銃掃射のように足元に銃弾が飛んできたのは、威嚇射撃をしたというういい逃れのためのものだった。

事件は大々的にマスコミに報道され、ライフルを撃った当人も、

「いやあ、申しわけない。こっちもあわてていたので、頭に当たってしまった。気の毒なことをした」

とインタビューに答えてはいたが、それを信じるプリズナーなどいるはずもなく、最初から頭を狙った銃弾であるとは誰もが知るところだった。

「へぇ、そんなことがあったのか。じゃあ、オレもあんたたちのブラザーのために、祈りを捧げさせてもらうよ」

吉村がいい、インディアンの仲間の冥福を祈って、厳粛な気持ちで手を合わせたのだった。

活躍する刺青師

吉村がロンポックUSPに服役して驚いたことの一つは、プリズナーに数多くの彫師が存在することだった。

むろん日本の刑務所でも、受刑者の中には彫師がいないこともなく、その存在は別に珍しいことではなかった。

だが、アメリカの場合、獄中《なか》で実際に刺青を彫ってくれる人間がいるというのだから信じ難かった。

その彫師たちが、吉村の刺青にみな関心を示し、

「ぜひ見せてくれないか」

と次々にその現物を見にきた。そのつど、

「ほう、カッコイイな」

「やっぱり日本の刺青は違う」

そろって感嘆の声をあげた。彫師といっても、アメリカ式の刺青《タトゥー》しか手がけたことがない連中で、和風の本格的な刺青がよほど珍しかったのだ。

吉村も、自分の刺青に興味を抱く者が多いので、つい気になって、同房のフランク・ジョセフに、

「何だ、彫師がいっぱいいるようだけど、ここじゃ、刺青入れてくれるのか？」

と訊いてみた。

「ああ、誰かの紹介があれば入れてくれるよ。あとはカネさえ払えばＯＫだ」

ジョセフの答えに、吉村はすぐにその気になった。

「へえ、そりゃいい。オレも入れてもらおう。誰の紹介があればいいんだい？」

「白人に腕のいいのがいるっていうから、イタリアン・マフィアのボスクラスなら確実じゃないか」

「それならカーマン・スネークに頼んでみよう」

吉村がさっそくニューヨーク・ボナンノ一家の大物であるカーマン・スネークにその旨を話すと、

「わかった。ジャパニーズ・スタイルを理解できるうまいヤツを探そう。アントニーに話をつけさせるから任せとけ」

とスネークは即座に請けあった。アントニーは有名なマフィアのヒットマンで、なかなかの二枚目であった。

こうしてスネークが手配してくれた彫師がヘルス・エンジェルスのメンバーで、キング・ジョンブルという吉村と同年齢のドイツ系アメリカ人だった。何件もの殺人罪で終身刑《ライフ》に処され、服役中の身であった。

ジョンブルは背丈こそ吉村と変わらなかったが、図体は大きく、スキンヘッドにもみあげと顎鬚《あごひげ》を伸ばし、いかにもヘルス・エンジェルスといった風の、凶悪そうな御面相だった。が、カーマン・スネークの紹介であるのに加え、自身がかねて日本のヤクザに一目置いていることもあって、吉村に対してはつねに敬意を表した。ジョンブルは日本の刺青にも大層興味を持っていた。

「ミスターヨシ、どんな絵柄を入れるんだい？」

ジョンブルに訊かれて吉村が希望したのは、日本人ヤクザにすれば、突拍子もない図柄であった。

「蛙を入れてもらいたいんだよ」

「カエル？　あのピョンピョン跳ねるヤツかい？」

「そうだよ。日本でも柳に跳びつく蛙を見て歌を詠《よ》んだ歌人もいるし、池に飛びこんだ蛙の音を聞いて句を詠んだ俳人もいる。昔からジャパニーズ・アーチストの感性をそそる生物なんだ」

「……？」

わかったようなわからないような吉村の説明に、ジョンブルも首を傾げた。

「もう一つ聞いていいかい、ヨシ」

「どうぞ」

「それは日本のカエルかい、アメリカのカエルかい？」

「アメリカガエル。ただし、蓮の上に載っけて、背景には桃や桜の花も入れた日本式にしてもらいたいんだよ」

吉村がマイアミにいるアメリカガエルのことを聞いたのは、インディアンの受刑者からだった。毒ガエルではあるが、大変幸運を呼ぶカエルとされ、地元のインディアンたちは〝グッドラック〟の愛称で呼んでいるという。

「あっ、そいつはいいな」

吉村にピンとくるものがあった。

〈アメリカガエル——アメリカから帰る、だ。一日も早くアメリカから日本に帰りたいオレにはピッタリじゃないか。しかも、幸運を呼ぶカエルとなれば、輪をかけていい。よし、このアメリカガエルの刺青を入れよう〉

と決めたのだった。縁起をかついだわけである。

もとよりアメリカのプリズンとはいえ、刺青を彫るのは規則違反であり、見つかればただでは済まない。ただちに懲罰房行きとなって、ポイントが下がるのも日本と同じである。

が、ジョンブルは事もなげに吉村に告げた。

「それはノープロブレムだ。看守が見張りに立つから大丈夫。昼でも夜でも好きなときに彫れる」

そのトーマスという看守はまだ三十代と若く、刺青《タトゥー》に並々ならぬ興味を持つ男だった。

吉村の刺青を初めて見たときは、目を爛々《らんらん》と輝かせて、

「こいつはすごい。オレもこういうのを彫りたいな」

と興奮して言ったものだ。何のことはない、彫師志望の看守だった。

そのトーマスが、

「ヨシ、オレが見張ってるから、何の心配もいらないよ」

と胸を叩くのだから、心強かった。

ジョンブルは舎房で、ときには体育館の片隅で、心おきなく吉村の腹に刺青《タトゥー》を彫り続けた。

やりかたは電気彫りであったが、なにしろ時間は嫌というほどたっぷりあるのだ。

かくておよそ一年かけて、吉村は腹にカエルの刺青を完成させたのだった。

後日談があって、吉村の服役にあわせてロンポックに住むようになった妻の美代子が、ある日、街を歩いていると、

「ヘイ、ヨシ！」

と呼ぶ声があり、振り返ると、刺青《タトゥー》ショップの前に店の主人らしき男が立っていた。

美代子はすぐにはわからなかったが、間もなくして、ロンポックＵＳＰの看守のトーマスであることを思いだした。面会のときに何度も会っていて、知っていたのだ。

「あれっ、どうしたんですか？」

美代子が訊ねると、トーマスは、

「看守を辞めて、念願の彫師をやってる。これもヨシのお陰だ」

と胸を張った。

人種的偏見

最重刑務所のロンポックＵＳＰは、受刑者の大半が終身刑《ライフ》、あるいは百年、二百年という気が遠くなるような長期刑の者ばかりだったが、極めつきはライフ・ライフ・三十年の刑で服役している者がいたことだ。

ミスターシマフクという日系アメリカ人で、吉村は紹介されたとき、片言の日本語で話しかけられた。

「ハイ、コンニチワ、サムライ」

もっとも、シマフクの知っている日本語はそれだけであった。

ミスターシマフクは、そんな凄まじい長期刑で服役している人物とは到底信じられないような、見るからに温厚そうな六十過ぎのおっさんだった。

実際に接してみても、人柄の良さが伝わってきたし、年の割には気も若く、元気がよかった。一九五九年より服役し、その後、ペニテンチァリー・プリズンをたらいまわしにされ、服役歴三十五年に垂《なん》んとするという御仁であった。

吉村にはそれが不思議でたまらず、

「いったい何で彼はそんなに長い間、ペニテンチァリーにいるんだい？　ライフ・ライフ・

三十年ってどういうこと?」

とミスターチャーやパシフィック・オーシャンの連中から、情報を集めてみた。

その結果、いろんなことがわかってきた。

最初、ミスターシマフクは八年の刑で服役したのだが、獄中で三度も事件を起こし、そのつど刑が増えていき、もはや生きて出所するのは不可能の身となってしまったのだった。三度の事件で、彼は二人を殺《あや》め、一人を重度の身障者にしていた。

だが、自分より先に仕掛けたことは一度もなく、三度とも相手から挑発され、陰湿ないじめを受けた末でのことで、シマフクにすれば、我慢に我慢を重ねた果てのやむにやまれぬ行動であった。

いまだ田舎の州では人種的偏見が根強いといわれるのがアメリカという国で、昔のプリズン内では、そうした偏見は当たり前とされ、いじめは常習的に行なわれていたようだ。

シマフクが最初に起こした事件は、一九六〇年代だった。シマフクは百六十センチの身長で痩せ細った小男なのに対し、相手の白人は三百ポンド——約百三十六キロの大男であった。

では、そんな巨漢を小柄なシマフクがどうやってやっつけ、殺したのか、といえば——。

それこそプリズナーの間では〝モーニング・スペシャル〟との呼び名がついた、電光石火の鮮やかな手口だった。

シマフクはまず二本のナイフを手に入れた。アメリカのプリズンではいたって容易にナイフやアイスピック、刃物の類を入手することができた。

手づくりではあるが、その手の精巧な道具をつくるプリズナーは少なからず存在した。信用のできる紹介者がいてリベートを払えば、その者は相手が望むものをいとも簡単に用意してくれたのだ。

シマフクはその二本のナイフを手に、朝一番、狙う相手の舎房前に立った。オートマチック方式で扉が開いた瞬間、その房にすばやく入りこむや、敵が横たわるベッドのすぐ脇に立つのだ。

まさか刺客が枕もとに立っているとは夢にも知らずに、ベッドの中の男はいい心地で夢の中をさまよっている。

シマフクにとって、そいつはまさにマナ板の鯉だった。ひと呼吸すると、シマフクは二本のナイフを振りかざし、獲物に躍りかかっていった。

どう料理しようとシマフクの自由であった。二本のナイフで獲物の躰中を突きまくり、斬り刻み、その回数は四十回から五十回に及んだ。それだけ恨み骨髄の相手だった。

このヤロー、よくもいままでオレをさんざんコケにし、いじめ抜いてくれたな。許さん！　許さん！　許さん！　思い知れ！　思い知れ！　地獄に堕《お》ちろ！

その鬼気迫る殺し方は、まさに〝モーニング・スペシャル〟と呼ぶにふさわしかった。

ちなみにその二本のナイフを使うスタイルにも呼び名があり、〝ビリー・キラー〟といった。有名な二丁拳銃のガンマン、ビリー・ザ・キッドからきているのであろう。

ミスターシマフクはこの件で終身刑《ライフ》の判決が下った。八年の刑が一気にライフとなり、その後、あちこち最重刑務所《ペニテンチアリー》をまわり、その間、二度、同じようなモーニング・スペシャルの荒技を披露するハメになり、再びライフ、三十年という刑が下ったのだから、とてつもない話だった。

当のシマフクは、そんな壮絶な過去を少しも感じさせなかった。六十を過ぎたいまも、まったく若くて元気で、吉村に対しても、

「ハイ、コンニチワ、サムライ」

とニコニコと愛想がよかった。

〈たった八年の刑なら、もう三十年も昔にシャバに出られて、いまごろは孫にも恵まれていたろうに……〉

吉村は、自分の情念の迸《ほとばし》るままに行動し、人生を捨てざるを得なかった男の心情を思うと、なんともいえない感慨を覚えるのだった。

リベンジ・ヘルパー

こうしたシマフクのような命を賭けた行動が、後進のプリズナーたちにどれほど住みよい環境をつくってくれたことか。それは計り知れないものがあった。

たとえば、いじめにあっても、反撃できる者ばかりとは限らなかった。なかには気が弱くてやられっ放しという者も、凶悪犯ぞろいのペニテンチァリーにも存在したのだ。

ロンポックＵＳＰでもそのようなケースがあり、イビリから恐喝、暴行にまで発展したことがあった。

それでもいじめられ続けていた男——ジョージは、あるときとうとう決意した。男のプライドにかけても、このままやられてばかりではいられない。相手のイジメ野郎——スミスに一矢《いっし》報いようと肚を括ったのだ。

かといって、モーニング・スペシャルを敢行して殺してしまったのでは元も子もない。刑が加算されライフとなって、わずかでもあった社会復帰の可能性が完全に閉ざされてしまう。

そこでジョージは何をしたかといえば、スミスに対して、白人同士、一対一の決闘を申しこんだのだ。決闘といってもナイフ類は一切使わず、素手による勝負——素手喧嘩《ステゴロ》であった。

たまたまそのことを知る機会があった吉村は、プリズンライフの指南役であるミスターチャーに訊いてみた。

「かわいそうに、あのジョージ、返り討ちにあってボコボコにされてしまうな。そうなったら、もう一生スミスの奴隷にされてしまうのは目に見えてるよ。どうしてそんな無茶な決闘を申しこむんだろう？」

それは誰の目にも明らかだった。なにしろ、いままでも力関係は一方的であったのだ。それが決闘によってひっくり返るとは誰にも思えなかった。

すると、チャーが意外なことを言った。

「そう思うかい？　勝算がなきゃ、弱い者が決闘なんか申しこまないよ。あのスミスはちょっと図に乗りすぎた。ジョージにはリベンジ・ヘルパーが付いたのさ」

「リベンジ・ヘルパー？」

「うん、ジョージの復讐《ふくしゅう》を助ける人間が出てきたってことだな」

「えっ、けど、決闘は一対一じゃなかったのかい？」

「そうだ。決闘は一対一の素手。誰も助っ人には入れない」

「じゃあ、どうやってヘルパーが？」

「まあ、見ててごらん。リベンジ・ヘルパーはカネで動くんじゃない。ビジネスでやってるわけじゃないんだ」

「ほう、ビジネスじゃない。じゃあ、何だろう？」

「う〜ん、ジャスティスといったらカッコよすぎるかな。まあ、プリズンのルール、ヨシの世界でいえば、仁義ってことかな」

「仁義……」吉村はチャーの話に大層興味を持った。

アメリカのプリズンは、日本の刑務所と違って、看守の目の届かない死角となる場所が数多くあった。プリズナー同士の決闘もかなり自由にやれたのだった。

さて、それでは、ジョージとスミスの決闘はどうなったのか。

普通に考えたら、結果は明らかであった。

いじめられっ子のか弱いジョージが、いじめっ子のタフな大男のスミスにこてんぱんにやっつけられるのは目に見えていた。

ところが、結果はまったくの正反対、スミスは完膚なきまでに叩きのめされ、ジョージの圧勝に終わったのだった。

それを目のあたりにした吉村は、何が行なわれたのか、すぐにピンときた。

スミスはジョージと対峙《たいじ》したときから、酔っ払いより上機嫌なヘラヘラファイターであった。

ジョージにいくら殴られ、蹴とばされ、頭突きを食らっても、スミスはもはや反撃できるような状態ではなかった。目はトロンとし、躰は宇宙遊泳しているような有様で、やられ放題だった。終いには見るも無残にボコボコにされて伸《の》されたのである。

〈ハハーン、これだったのか、リベンジ・ヘルパーの仕事というのは。食堂のスミスの盛りつけに、一服か二服、ヘロインを盛ったんだな〉

チャーから聞いていたこともあって、吉村は即座に合点がいったのだった。

だが、このリベンジ・ヘルパーはよほどのことがない限りめったに使われることはないという。それだけその存在がいじめに対する抑止力となっている証左であった。

吉村は、誰となく決めたそんなアメリカの掟のようなルールが、プリズン内のバランスを保っているような気がした。

それにしても、アメリカ人は驚くほど一対一の決闘を好む人種だった。よっぽど素手喧嘩《ステゴロ》に自信があるのか、プライドが高いのかわからなかったが、何かといえば、よく打ちあった。さんざんやりあったあとは、勝っても負けても互いにスッキリして、遺恨となるようなことはなかった。ヘビー級クラスの決闘ともなれば、それはことさら見もので、迫力満点の代物であった。

吉村が一度として決闘を申しこまれなかったのは、日本人であるがゆえだった。皆が皆、吉村に対して、

「ヨシはカラテをやるんだろう」

と勝手に思いこんでくれ、一目置いてくれたのである。

あまりに凄惨な事件

吉村がロンポックＵＳＰで最初に目のあたりにした殺人は、入獄して一週間目、映画鑑賞中の出来事だった。

以来、ロンポックＵＳＰにおける五年あまりの獄中暮らしのなかで、殺人事件が起きた回数は十数件にものぼり、そのうち吉村が目のあたりにした殺しだけで四回、全部で五人が殺され、三人の重軽傷者が出た計算になるのだから凄まじかった。

吉村が二度目の殺しを目撃したのは、体育館でバスケットボールを観戦していたときのことだった。

プリズナーのチーム同士の練習試合で、観客およそ二百人から三百人。吉村の席はだいぶ上のほうだった。

ロンポックにおいて、この手の球技は盛んで、バスケットボールに限らず、アメリカンフットボールやハンドボール、ソフトボールなどの試合が二カ月か三カ月に一度の割合で行なわれていた。プリズナーのチーム同士の戦いが多かったが、ときには看守チームと囚人チームのゲームもあった。

　球技があまり得意でない吉村は、一度ソフトボールのゲームに出たことはあったものの、あとは専ら観戦にまわった。

　その日のバスケットボールは、なかなか白熱した好ゲームだった。選手がゴールを決めるたびに場内は沸き、やんやの喝采や歓声があがり、口笛が鳴った。

　得点も二十四対二十と追いつ追われつの伯仲した展開で、観客はゲームから一瞬たりとも目を離せなかった。

　吉村もカリーというパシフィック・オーシャングループのメンバーとともに、心から楽しんでゲームを観戦していた。

　このころの吉村はプリズンライフにも慣れ、英会話も日常会話には不自由しないほど上手くなっていた。

「そら、決まった！　スリーポイントシュートだ！」

　バスケ好きのカリーが熱狂的に叫んだ。

　ゴールが決まって、勝っているほうがまた少しリードを広げた。

　とそのとき、吉村の目には、三段ほど斜め下の席にすわる男に、両側からスルスルッと近づいていく三人組の姿が、なんとはなしに飛びこんできた。

「ん？」という怪訝な感じで見守っているうちに、事件はあっという間に起きた。

そのうちの一人が何やら凶器らしきものを手に、やおら男に襲いかかっていったのだ。

次の瞬間、吉村はわが目を疑った。アイスピックのような凶器は、男の頭のてっぺんから突き刺さって、顎に抜け出ていた。

アイスピックで頭から顎を串刺しにされた男は、「ううっ」とうめいてその場に倒れ、全身をピクピク痙攣《けいれん》させている。それはしばらく止まなかった。

吉村にとっても、そんな凄惨な殺し方を目にするのは生まれて初めてのことで、その残酷さに思わず顔をしかめた。

シアターのときと同じように、ヒットマンは脱兎《だっと》のごとく逃げ去り、事件に気づいたまわりの連中もサーッとその場から離れていく。もとより吉村も、シアターのときで懲りていたから、今度はすばやく皆と行動をともにするしかなかった。

このときの犯人は捕まらなかったが、殺《や》られたのはメキシカン・マフィアで、殺ったのはABマフィアといわれる白人系プリズンマフィアであるとは、プリズナーたちの間に瞬く間に伝わってきた。何か麻薬がらみで揉めたとの話だった。

イタリアン・マフィアの大物であるカーマン・スネークが双方の間に入り、二次抗争に至らないように上手く収めたとの話も、吉村の耳には入ってきた。

「へえ、われわれジャパニーズ・ヤクザの世界と同じじゃないか」

と吉村が感心したところ、

「人種間の抗争のときはボス同士で話がつくんだよ。まあ、裏でカネが動くけどな。カーマンがメキシカンのボスを呼んで、話しあいを持たせたらしい。ボスの面子《メンツ》を立ててやらなきゃいかんし、これでなかなか厄介なんだよ」

とは、ミスターチャーの解説だった。

さらに吉村が事件を目撃したことに関しても、チャーは、

「ヨシ、ユーは何も見ていない。ほら、日本の諺《ことわざ》にあるだろ。猿がどうしたこうしたっていうのが」

というので、吉村もすぐに思いあたった。

「ああ、見ざる言わざる聞かざる——かな」

「そう、それそれ、ここではそれが一番大事なこと」

チャーの教えは、つねに簡単明瞭であった。

殺人をしり目にチキンを奪う連中

吉村が三度目の囚人同士の殺しを目のあたりにするのは、バスケ事件から一年近く経った

後のことである。

　もうこのころになると、吉村もいろいろと経験豊富で、すっかりすれっからしになってい て、何が起きてもショックを受けるというほどのことはなくなっていた。

　その日、吉村が夕食のため大食堂へ繰りだすと、いつもの倍くらい混んでいた。それもそ のはずで、この日のメニューはプリズナー一番人気のフライドチキンであったからだ。この メニューのときだけは、ほとんど欠席なし、定員の三百人がどっと大食堂へ繰りだしてくる のだ。

　吉村は多くのプリズナーとともにラインに並び、お盆を持って盛りつけの順番を待ってい た。

　そのとき、後ろから、

「エクスキューズミー」

と割りこんでくる者があった。食事の際の割りこみはルール違反で、あってはならないこ とだった。ましてフライドチキンとなれば、それは最大のタブーにも等しかった。食い物の 恨みで血の雨が降ることさえあるのだ。

　その割りこみ者は二人。そうしたことを充分わかっているはずなのに、

「エクスキューズミー」

の掛け声も、有無を言わせぬ確信犯的なものがあったから、プリズナーなら誰もが、〈あっ、こいつら、チキン欲しさの割りこみじゃないな。こりゃ、何かあるぞ〉とピンとくるものがあった。

直感的に〈ヤバい！〉とわかるだけに、逆らう者もなく、二人はうしろからフリーパスで通ってきて、吉村のところへ来たのだ。

吉村も「エクスキューズミー」の声に、ただちにそれと察して道を開けてやった。

二人は前に進んでいく。惨劇はそのあと間もなくして起きた。犠牲者は吉村の列の四人ほど前の黒人であった。

凶器はやはりアイスピック状のもので、それを手にした男がうしろから黒人に襲いかかり、その脳天を直撃したのだ。まるで氷でも砕くように、ピックを頭に刺しては抜き、抜いては刺した。

そのすばやさといったらなく、黒人に振り返る間も与えなかった。襲撃者は最後に止《とど》めを刺すように、脳天に深々と凶器を突き刺した。

たまらず襲われた黒人はうめき声を洩らすと、頭にピックが刺さったままひっくり返った。口から泡を噴き、躰が小刻みに震えだしている。

緊急事態の発生に、大食堂の角々に立っていたポリスがすぐさま駆けつけ、同様に救急班が出動してくるのも早かった。その手際のよさは見事なものであり、犯人もその場で捕らえられて、事件はあっという間に処理されたのだ。

が、それに輪をかけたすばやさといったら、プリズナーたちをおいてなかった。なにせこの日は、御馳走の中の御馳走、フライドチキンなのだ。騒動が起きるや、どさくさに紛れてラインを越え、サッとチキンを収奪する囚人たちのすばしっこさといったら、驚くばかりだった。

プリズナーにすれば、目の前で起きた殺人事件などさして珍しいことでもなく、それよりも最大の関心はチキンにしかなかったのだ。

吉村もこれには呆れ返るばかりだったが、慣れというのは恐ろしく、もうそんなことにも驚かなくなっている自分を発見して、吉村はむしろそのことにちょっとしたショックを感じざるを得なかった。

二丁ナイフで看守を襲う

吉村にとって四度目となる〝殺し〟との遭遇は、入獄して四年目の一九九七年、平成九年のことだった。

それはロンポックＵＳＰ史上でも未曽有《みぞう》の大事件となり、全米のニュースでとりあげられる社会的事件へと発展した。

そのとき、吉村はちょうど大食堂での夕食を終え、舎房へ戻る途中であった。大食堂とユニットをつなぐ大通りを、大勢のプリズナー仲間たちとともに歩いていたのだ。

その大通りはおよそ百メートルから百五十メートルくらいはあって、夕方五時すぎという その時間帯は、さながら日本の都会の歩行者天国のように、大食堂へ行き来するプリズナーたちで賑わうのだった。

夕食を終えた者は皆、ユニットへ戻って長い夜の自由時間を満喫することになるのだ。

その時分の吉村の夜の過ごし方といえば、大概はテレビを観たり、だいぶ前からハマりだしたポーカーに興じることが多かった。

それまでギャンブルは麻雀《マージャン》をやるぐらいで、ポーカーなどまるで知らなかったのが、いったん覚えるや、吉村はあまりの面白さに病みつきになってしまったのだ。ともかくゲームの駆け引きの多彩さ、その奥の深さには恐れいるしかなく、知れば知るほどのめりこんでいった。

しまいにはテラ銭をとるまでになるのだから、病膏肓《やまいこうこう》もいいところだった。

〈さあ、今日は誰をカモろうか……〉

などと、吉村がボンヤリ考えながら歩いていると、突然、うしろのほうからウワァーという喚声、バタバタという騒音が聞こえてきた。

只ごとならぬ気配に、吉村は振り返り、騒ぎのほうに戻ってみると、大通りの真ん中に刑務官《ポリス》が一人倒れ、誰かが暴れている最中だった。

すでに遠巻きになりながらも、プリズナーの野次馬たちは押すな押すなの状態でひしめき、興奮しきっていた。野次や奇声があがり、指笛を鳴らすヤツもいる。

吉村がそれをかきわけるようにして現場を覗くと、一人の黒人のプリズナーがナイフを二丁持つ〝ビリー・キラー〟スタイルで、四人のポリスと格闘しているところだった。

倒れているポリスは胸をひと突きされて即死状態、床は血の海と化していた。

黒人はそんなに大柄なタイプではなかった。歳にしても、吉村とさして変わらないように見うけられた。ナイフをガムテープで両手に縛りつけているのを見ると、初めからポリスを殺すつもりで襲った、肚を括った計画的な犯行であるのは間違いなかった。

ナイフが手からすべり落ちないように、あるいは逆にナイフを奪われて殺《や》られるようなことにならないよう、男は勝負を賭けたのだ。

「そらっ、うしろ、危ねえぞ！」

野次馬の中から声が飛んだと思いきや、二丁ナイフのビリーは大男のポリスに捕まり、羽交い締めにされてしまった。

「あああ……」

「オー、ノー!」

ビリーを応援する野次馬の中から、嘆息が漏れた。

と、その直後、羽交い締めにされたまま、ビリーは二丁のナイフをうしろのポリスの首めがけてムチャクチャに突きまくった。

それがもろに首の急所を直撃して、

「うわあ!」

巨漢ポリスは叫び声をあげ、地響きをたててぶっ倒れた。これまた、ほぼ即死のような状態で、二人目の犠牲者となった。

途端に野次馬たちから拍手が起こり、指笛が鳴り、歓声があがるのだから、ひどいものだった。

さらに三人のポリスと対峙したビリーは、二人を殺《や》った勢いで二丁ナイフを遮二無二振りまわして突進していく。

そんなビリーのナイフは一人の顔を斬り、二人目の腕や肩を突き、もう一人のポリスの腹を刺した。

それでも彼らは怯《ひる》まず立ち向かい、三人がかりでどうにかビリー・キラーを押さえこんだときには三人ともにひどい怪我を負っていた。

直後、ライフルを手にしたマスク姿の特警隊が緊急出動。黒山の人だかりと化してなお興奮して騒ぎだし、収拾のつかなくなったプリズナーたちに対し、

「パーン！　パーン！」

ライフルを天井に向けて一発、二発、銃弾をぶっ放して鎮圧。プリズナーたちは一斉に各ユニットに追いやられた。

どの房もただちにロックダウンされ、プリズナーは全員が隔離され、一歩も外へ出ることがままならなくなった。それが一カ月続いて、工場での作業・面会・電話一切が禁止され、三日に一度のシャワーと取調べ以外、房から一歩も出られなくなったのだ。

食事もそのつどポリスが房に運んでくるという徹底ぶりだった。お陰で一カ月間というもの、吉村たちはサンドイッチばかり食べさせられるハメになった。

ポリスを襲って二人を殺し、三人に重軽傷を負わせたプリズナーは回教徒《ムスリム》ということだった。最初に胸をひと突きにして殺したポリスに対する恨みからの凶行であったという。

以前、男は反則が見つかって二週間の独居房《ホール》入りを科されたことがあった。独居房から戻ってきたとき、男の房には別の人間が入っていた。

「オレの部屋を返してくれ」

男は激しく抗議したが、そのポリスは聞く耳を持たなかった。

「ダメだ。これから真面目にやって、いい部屋をもらえ」

と一蹴したという。その措置に対する血の復讐であったのだ。

突然の送別会

一九九八年十二月、ロンポック・プリズンでの暮らしが四年八カ月に及ぼうとしていたある日の夕方、吉村はポリス・オフィスに呼び出された。

そのうえで、日本の刑務所でいう分類課長のような立場の者から、

「ヨシ、ユー・ツモロー・ムーブ」

と申しわたされた。

「えっ、明日、移送だって⁉」

寝耳に水の話に、吉村は驚き、軽いショックを受けた。いくらなんでも明日というのは性急すぎた。

しかも、どこのプリズンに移るのかも、吉村以外に誰が移送になるのかも一切教えないのだ。脱獄を防ぐためのアメリカ・プリズンの秘密主義は徹底していた。

面会時間が終わってからの申し渡しであったから、吉村が真っ先に伝えたい相手の妻にも、

その夜、電話で知らせるしかなかった。

「明日、移送されることが決まったよ。ロンポックとおさらばだ」

「えっ、本当ですか」

さすがに美代子も急なことでびっくりしたようだった。

「どこに移るかはわからないが、ここよりは楽なところになると思う。でも、残念だよ。ロンポックにすっかり馴染んだのにな……仲間もいっぱいできたし、ここを立ち去りがたいというのが正直なところだな」

吉村は、妻には自分の気持ちを何でも素直に打ちあけられた。

「じゃあ、またオクラホマで一週間くらい待機したあとで、移送先が決まるんですね」

五年前、ロンポックUSPに入所したときは、大きな飛行場のあるオクラホマ・プリズンで待機した期間は一週間であったのだ。

「うん、前は一週間だったけど、今度はどれくらい待つのか。けど、遅くても一カ月以内で決まるっていうから。オクラホマへ着いたら電話するよ」

アメリカでは受刑者が移送されるとき、オクラホマ・プリズンが中継地点になっており、必ずそこを通過しなければならなかった。

「わかりました。じゃあ、私もとりあえずロンポックのアパートは引き払います」

吉村の移送先のプリズンが決まったら、美代子もただちに同じ地に移住すると言っているのだ。吉村にとって、これほど心強い存在もなかった。

吉村移送のニュースは、たちまちプリズン内に広まって、

「実はオレも明日、よその刑務所へ移されるんだ」

と名のり出る者もいて、吉村もすぐに情報を集めてまわった。その結果、他に七、八人の移送者がいることがわかった。

だが、話を聞いてみると、皆一度ならず反則を犯して罰則を受け独居房《ホール》入りを経験したことのある者ばかりで、いってみれば、いずれも不良押送《おうそう》であった。

罰則を受けたことのない吉村は、それとは逆に模範囚として一つランクの低いプリズンへ送られるのは確実のようだった。

つまり、最重刑務所《ペニテンチアリー》を移動するだけの他のプリズナーと違って、吉村の場合、USPより何かと規律もゆるく、凶悪犯もいないFCI（連邦矯正所）への移送であった。

「今度はボストンのペニテンチアリーへ送られるかも知れないな。あそこの厳しさは半端じゃないらしい」

「テキサスのペニテンチアリーは暑くてよ。こっちのほうがよっぽど気候がいい」

「でも、またシャバの空気を嗅《か》げるなあ。何年ぶりだろ」

明日の移送を控えたプリズナーたちが、交々《こもごも》不安や期待を口にした。すでに十年も二十年もプリズンで暮らしている強者《つわもの》ぞろいなのに、人並みに何かを恐れたりする様子が、吉村にはなんとなくおかしかった。

吉村の移送を知って刑務官たちは、

「ヨシがいなくなったら寂しいな」

と顔をあわせるたびに等しく声をかけてきた。

ポリスばかりではなかった。ロンポックですっかり人気者となった吉村の移送は、たちどころにプリズン内に知れわたって、受刑者仲間が次々に別れを言いに来た。

ついにはパシフィック・オーシャングループのサロン室で、吉村のために送別会が催され、プリズナーが入れかわり立ちかわりやってきては、

「ヨシ、よそへ行ってしまうのか。これを食ってくれよ」

と食べ物を持参し、終業時間の夜の十時まで宴が続いた。

インディアンがとっておきの密造酒「ムーン・シャイン」を提供してくれたのはよかったが、いまだ発酵中の完成間近、泡がブツブツ噴いている状態であった。酒としての旨さはいまひとつでも、酔いの効きめはすごかった。いつもは一筋縄ではいかないガメツさのインディアンも、この日ばかりは、

「ヨシ、今日はサービスだ。お代はいらないから、オレたちの酒をジャンジャン飲《や》ってくれよ」

という気前の良さで、彼らのケチさ加減を知っている吉村は思わず自分の頰をつねってしまいたくなった。それほど彼らは彼らなりに、親しくなった吉村に対して、名残りを惜しんでくれているのだった。

「思い出すよ。ロンポックへ入った初日、夜中、ユーからインディアンの呪文の洗礼を受けたときには、オレはもうこの先どうなることかと生きた心地がしなかったんだよ」

ロンポックで最初に同房となったインディアンに、吉村は笑ってうちあけた。

「やあ、ヨシ、移送だってな」

ニューヨーク・ボナンノ一家の大ボスであるカーマン・スネークを始め、アメリカ映画『グッド・フェローズ』でロバート・デ・ニーロが演じた人物のモデルとなったタァーコやデトロイト事件のゴッドファーザー、超有名ヒットマンのアントニー、ファミリーの大物弁護士など、イタリアン・マフィアのメンバーもそろって吉村の送別会に顔を出した。

「ヨシの料理が食えなくなるのは残念だな」

タァーコが片目を瞑《つぶ》った。

吉村はロンポックのプリズン内に日本料理を流行《はや》らせた張本人だった。ある日、吉村がカ

ップヌードルを食べていると、

「ヨシ、何を食ってるんだ？」

とターコが興味を示した。

吉村が同じものをつくってやると、ターコは喜んで食べた。

「それならもっと旨いものがあるよ」

と吉村が日本式の冷し中華をつくると、イタリアン・マフィアたちには初めて目にする食べ物だったようで、一同、恐る恐る食べだした。と思ったら、そのうちに、

「こいつは旨いな！」

大受けになったのだった。以来、イタリアン・ファミリーのサロンは、ヨシ・クッキング・スクールの様相を呈した。

ヨシ・スクールとターニアの思い出

そんなこともあって、彼らとさらに親密になっていくうちに、やがてサロンはクッキング・スクールからサムライ・ヨシ・任侠カルチャー・スクールと化した。

彼ら、イタリアン・マフィアたちがまず不思議がったのは、吉村が自分の親分である極東会会長代行の池田亨一や、その親分で極東会のドン・松山眞一の写真を拝むように見ている

ことだった。

「ヨシ、それは誰なんだい？」

「マイ・ボス、親分」

それが雑誌に載った写真と知って、彼らは一様に、

「オー・アン・ビリーバブル、クレージーだ。日本のヤクザはなぜマスコミに出るんだ？」

マフィアの身分を隠し、裏の顔を秘密にして生きる彼らにとって、世間に堂々とヤクザの看板を出し、顔や姿を晒《さら》けだす日本ヤクザのあり方が到底理解できないようであった。彼らには、日本ヤクザ、イコール、ジャパニーズ・マフィアであり、自分たちと同じような組織としか考えられなかったのだ。

「いや、それは違うんだ」

吉村は英語が話せるようになると、拙い語学力を駆使して必死にマフィアのボスたちに説明した。

「ヤクザは犯罪集団ではないし、秘密結社でもない。職業ではなくて、男の生き方なのだ。ヤクザが拠《よ》りどころにしているのは、任侠道。昔のサムライ、武士道にも通じる生き方なのだ。弱きを助け、強きを挫《くじ》き、身を捨てて仁を為す——つまり、自分のことは一つも勘定にいれないで、人のために尽くすのがヤクザの精神、任侠道。法は犯しても、人の道を踏みは

ずした生き方はしてないとの自負を持ってるのが、日本のヤクザなんだ」

「だから、マスコミの取材にも応じ、写真を撮らせるのか？」

「そうだ。顔を売るのも、ヤクザのあり方。自分らはカタギからの人気があってナンボ、人気稼業だからな。それと、顔を広く世間に晒して、衆目のなかで己を律して生きる気概を示すっていうこともある」

「組織はわれわれとはどう違うんだ？」

「ボスと部下ではなく、盃という契りで結ばれた親と子の関係、まさにファミリーなのだ。金と力の支配関係ではなく、心の絆で結ばれているストイックな上下関係なのだ。親分に対して忠誠心が生まれるのも、子は親を心からリスペクトしてるからだ」

「ふ〜ん、なるほど。リスペクトということが大事なんだな」

吉村の説明を、はたして彼らはどこまで理解してくれたかわからない。が、日本のヤクザ組織と最も似た部分を持ちあわせているのが、彼らイタリアン・マフィアで、吉村はある程度、わかってもらえたような気がした。

だからこそ、吉村も彼らには「ヨシ、ヨシ」とかわいがられ、大事にされたのかも知れない。

彼らはいずれも二百年や三百年、終身刑《ライフ》、最も短くて百二十年という刑期の者ばかりであったから、吉村がロンポックを去るとなると、もはや彼らと二度と会えない可能性は高かった。

それでも彼らにはみじんも別れの暗さや湿っぽさはなかった。なにしろ誰もがまた会えると信じて疑っていないし、いつかは出所できると思っている者ばかりなのだ。よく言えば、徹底して前向きのプラス思考、悪く言えば、能天気なお気楽さんぞろいといってよかった。

吉村の送別会とて、誰もが陽気にはしゃいで飲み食いし、涙を見せる者などいなかった。

「ヨシ、ターニアが会いたがってたぞ。いつか会ってやってくれよ。あの娘との約束を果たしてくれよ」

カーマン・スネークが、悪戯《いたずら》っぽく笑いながら話しかけてきた。

「おお、ミスター・スネーク、ターニアと会えなくなるのが一番つらいな。わかってますよ。ターニアとの約束は果たしますよ」

吉村は泡立つムーン・シャインを飲んだ酔いがだいぶまわり、呂律があやしくなっていた。

ターニアというのは、七歳になるカーマン・スネークの孫娘だった。面会室でスネークの家族と隣あわせになったとき、紹介されて以来、ターニアは吉村にすっかり懐《なつ》くようになった。

「ヨシは私の恋人」と公言し、面会室で顔をあわせるたびに、ターニアはニッコリして吉村

に飛びつき、抱擁《ハグ》してきた。ターニアは、

「ヨシ、約束して。大きくなったらヨシのお嫁さんにして」

とまで言うようになったのだった。

別れの宴を繰り広げ、皆が陽気に騒ぐなか、酔いもまわって感傷的になってきたのは、むしろ吉村のほうだった。

「本当のこと言ったら、オレはどこにも行きたくない。このままずっとロンポックにいたいんだ。ここを出るときは、シャバに出るときだけでいい」

吉村が皆と別れる寂しさから、ついそんなことを漏らすと、

「何言ってるんだ、ヨシ、何ら罰則を受けていないおまえが移送になるってことは、プリズナーのポイントがあがって、逆にプリズンのポイントが低くなる優等生移送ってことだ。その分、早くシャバに出られるってことじゃないか。喜んで移れよ」

タァーコが慰めてくれた。

さらばロンポックの人たち

思えば、四年八カ月のロンポックの暮らしのなかで、吉村が無事故・無違反で罰則なし――というのは、ほとんど奇蹟のようなものだった。

もとより無違反ということはあり得ず、違反はどれだけ行なったかわからなかった。酒、ギャンブル、マリファナ、刺青……見つからなかったというより、吉村に対する刑務官《ポリス》サイドのお目こぼしも少なくなかった。

それほど吉村は看守たちからも人気を博し、彼らの受けもすこぶるよかったのだ。

マリファナを吸ったときも、すんでのところで独居房《ホール》行きを免れている。

「煙はもったいないから出さないで呑《の》みこむんだ」

マリファナをまわしてくれた囚人に言われ、吉村も同じように真似てみた。夜、仲間と一緒に監房の廊下でやっていたときのことだ。

すると、間もなくして効きだして、吉村は心臓がバクバクしだした。おかしくなった吉村の様子を見て、仲間たちが心配して、

「ヨシ、大丈夫か。それならこれを飲め、飲め。落ち着くぞ」

と、ペットボトルの液体を飲ましてくれる。

吉村が水と思って勢いよく飲むと、それは紛れもなくインディアンの造る蒸留酒であった。

「げっ、何だ、これは」

マリファナと酒のチャンポンとあって、またぞろおかしくなり、吉村は頭もグラグラ来て、吐き気を催してきた。そのうちにゲーゲー吐いてダウン寸前となった。

その日は土曜日だったから、一人しかいない看守が飛んできて、

「ヨシ、大丈夫か？」

と訊くので、まわりの仲間たちが、

「大丈夫、何でもない。ヨシは昼間働いてるから、疲れがまわっただけ。オーバーヒート」

とごまかした。

それでもいっこうに具合がよくならず、吉村とすれば、自分の違反を棚にあげて、

〈こりゃ、ヤバいな。ＦＢＩがオレをバラそうとして、一服盛ったかな〉

と疑いを持ったほどで、結局、医務室へと運びこまれるハメになった。

土曜日ということもあって、医務室には泊まりの女医と当直の看護師の二人がいるだけだった。女医は四十代の色気たっぷりの美人、看護師も三十代のグラマーな婀娜《あだ》っぽい女だった。

吉村の身を心配するあまり、同じユニットから駆けつけてきた仲間の姿もあった。

「ヨシ、しっかりしろ。チャーが心配してた。チャーに、ヨシを助けてこいって言われて、やってきたぞ」

とベッドに横たわる吉村を心配そうに覗きこんだのは、入所一週間後のシアター殺人事件で吉村を助けてくれたロベルトだった。

吉村もロベルトと気づいて、大丈夫だというふうに黙ってうなずいて見せた。

実際、二人の美女に検査されたり看護されているうちに、吉村はすっかり楽になったばかりか、気持ちよくなってハイにさえなってきた。

いつか吉村は二人の手を握ったまま離さず、天国へ行っているような夢心地の気分に浸っていた。その顔がうっとりとピンク色に染まって、デレデレになりだしたのを見て、さすがに側についていた看守が、

「このヤロー、ヨシ、なんてヤツだ。ここへ何しに来たんだ。もうとっとと房へ帰れ！」

と呆れ、怒りだした。

マリファナや酒をやっていることが女医にバレているのは明白で、普通なら吉村は罰則で、独居房《ホール》行きとなるのは間違いなかった。

なのに、お咎めどころか、二人の美女を枕にバラ色の夢さえ見ることができたのだから、吉村はその夜、ロンポック一の幸福な男といわねばならなかった。

房に戻った吉村は、翌朝、ユニットの仲間たちから手を叩いて冷やかされ、ヤンヤと囃《はや》したてられた。

「ヘイ、ヨシ、何だよ、おまえ、バックレだよ。おまえだけできあがって、死ぬだの何だのって、医務室へ行って、美人先生の手を握ってよ、一人だけいい思いしてるじゃないか。何

のことはない、ヨシ、あの色っぽい先生に会いに行ったんだろ」

皆からさんざん冗談を言われ、羨ましがられる始末だった。

こんなふうに本来なら文句なしに罰則となるところを、まわりに助けられて切り抜けてきたケースが何十回あったことか。

吉村はハワイでの事件や、ロンポックでの五年間を振り返るたび、

〈オレはどういうわけか、まわりの人間に恵まれた。ピンチになるたびに助けてくれる人間が現われるのだ。オレはなんて幸運な男なんだろう〉

と思わずにはいられなかった。本当はＦＢＩのアンダーカバーの罠に嵌まって凶獣の棲《すみか》ともいえる最重刑務所へ送られた、世界一不運な男であるはずなのに、そう考えずにむしろプラス思考に転ずるところが、吉村の真骨頂といってよかった。

吉村の送別の宴が繰り広げられているパシフィック・オーシャングループのサロンには、ミスターチャーとロベルトもやってきた。

プリズンライフの指南役であるチャーの存在がなかったら、はたしてオレはここで生き残ることができたろうか――と思うと、吉村はチャーに対する感慨も格別のものがあった。

「ミスターチャー、お世話になりました。どうかいつまでもお達者でいてください」

「ありがとう。ヨシも元気でな。いつかオレの息子や孫が日本へ行くことがあったら、ヨシ、

そのときはオレと思って会ってやってくれよ」

その科白はチャーだけでなく、イタリアン・マフィアのカーマン・スネークやタァーコも口にした科白だった。

「もちろん、喜んで」

吉村も万感の思いをこめて応えた。

粋な男たちとの別れは、おそらくもう生涯二度と会うことはあるまいとわかるだけに、名残りは尽きなかった。

第三章　コロラド・プリズンは極楽

初めて振り返った刑務所

翌朝六時、吉村は四年八カ月間服役したロンポックUSPをあとにした。

朝起きたときから頭がガンガンしたのは、昨夜の送別会でインディアンから振るまわれたムーン・シャインのせいだった。まだ醸造中の、日本のドブロク紛《まが》いの強烈な代物で、匂いも味もひどく、酔いも早かった。プリズン仲間との最後の夜かと思うと、吉村もついピッチがあがった。ほとんど宿酔《ふつかよい》状態で、十キロほど離れた飛行場へ向かう護送バスへと乗りこんだのだった。

バスに乗る吉村に、

「ヨシ、グッドラック」

と顔見知りの看守が声をかけてきた。

「サンキュー、ユーツー」

三重のゲートを潜るとき、吉村は胸の底からとめどなく湧きあがってくる感慨に、プリズンを振り返らずにはいられなかった。

〈オレはここで四年八カ月も過ごしたんだなあ。ここで暮らした日々を、オレは死ぬまで忘れることはないだろう〉

初めてこの建物と対峙したとき、そのあまりの厳めしさに、はたしてオレはここから生還できるのだろうか——と不安が胸をよぎったことも、いまとなっては懐かしい思い出だった。

日本にいたころは、刑務所を出るとき、吉村は一度として振り返ったことがなかった。振り返れば、またそこに戻ってくるというジンクスを先輩から教えられていたこともあって、それを忠実に守ったのだ。

それでも吉村の場合、水戸少年刑務所を皮切りに甲府、新潟、新潟、網走、横浜と懲役を経験。そのジンクスはあまり当てにならなかった。新潟刑務所を一回目に出るときも、刑務所から遠ざかるまで一度も振り返らなかったのに、たいした期間を置かずに再び戻ってしまったものだ。

都合六度の懲役刑による通算十年ほどの獄中暮らし。それでも今度のアメリカ・プリズン経験に比べれば、何ほどのこともなかった——と吉村は思わざるを得ない。

ロンポック最重刑務所はそれこそ殺人鬼が野放し状態、いつどんな事件に巻きこまれるかわからないという危険な場所であった。

が、危険人物がウヨウヨいる点さえ除けば日常のシステムや環境は日本の刑務所とは比較にならないほど快適なものだった。おまけにＦＢＩが自分たちの手柄をアピールするために、吉村のことを、

「二千人の子分を持つジャパニーズ・マフィアの大ボス」

と誇大に喧伝したことも、むしろ吉村には幸いした。大物プリズナーたちが一目置いてくれたのと吉村の誰にも愛される人柄とが相俟《あいま》って、プリズン内で人気を博し、危険で油断ならない場所には違いないにせよ、それをより自由で住み心地のよい世界に変えてしまったのだ。

吉村はアメリカから日本の刑務所の実態に思いを馳せるとき、

〈はたして安全であるが厳しい精神責めの日本刑務所が良いのか、危険と背中あわせであるが自己の自由を尊重でき得るアメリカ・プリズンが良いのか……〉

と自問せずにはいられなかった。

ともあれ、すぐには去りがたいほど、離れゆくロンポックＵＳＰの思い出は尽きなかった。

この日、吉村と一緒にロンポックＵＳＰから他のプリズンへ移送されるプリズナーは七人だった。罰則なしの模範囚としてペニテンチァリーから一ランク下のＦＣＩプリズンへ送ら

れる吉村と違って、他は全員が不良押送であった。

吉村たちは一様にオレンジカラーの移送用の囚人服に着替えさせられ、手足にはガッチリ錠を嵌められての移動である。もとよりバスは完全武装のポリスで固められている。

吉村たちは一時間もしないうちに飛行場へ着き、相前後して到着した別のバスは、同じカリフォルニア州の別のプリズンからの囚人たちを運んできたのだった。そこでしばらく待つうちに、移送飛行機が到着し、にわかに現場は騒々しくなった。完全武装したポリスたちが厳重警戒するなかで、プリズナーの交換詰め替えが行なわれるのだ。

軽機関銃、ショットガンを持ったポリスが各位置に立ち、侵入者を一切寄せつけない厳戒態勢は徹底していた。それは過去の苦い経験から来ていた。

年中脱走のことばかり考えているプリズナーにとって、移送のときこそその大きなチャンスだった。もとよりそれは外からの手助けを得なければできることではない。実際、そんな連中との間で、過去に何度か銃撃戦が行なわれたことがあり、ポリスたちにすれば、ゆめゆめ油断ならなかった。

まず先に飛行機内の囚人が降ろされるのが決まりになっていた。手足錠のチェックと囚人確認を済ませると、彼らは吉村たちの乗ってきたバスに乗せられ、カリフォルニア州の各プリズンへと移送される。

続いて吉村たちも同様にチェックを受け、飛行機に乗りこむのだ。時ならぬプリズナー同士の感激の対面が始まるのは、そのときだった。

「よお、久しぶりだな。ジャックだろ。オレだ、オレだ」

「え？　誰だい？　おお、ケントじゃないか。二十年ぶりになるかな」

とヨレヨレの御老体の二人が、思わぬところで再会した感激に浸り、懐かしがっているのだった。おそらく二十年前、どこかのプリズンで一緒だったことがあるのだろう。

それは以前の移送のときにも目にしたことがあって、吉村には微苦笑ものの馴染みの光景だった。

飛行機の座席もプリズナーごとに決まっており、前列が女囚、真ん中辺が吉村たち一般囚人（？）、最後列に配されるのがややハードな奇人変人狂人っぽい御仁たちであった。

最後列の者は同じ手足錠でも、より不自由なものを強いられた。手錠はボックス付きであり、足錠も機内では床に固定されるので、決して快適な旅とはいいがたかった。

飛行場も備えたオクラホマ・プリズン

プリズナーの移送は毎日のことであり、機内ポリスにすれば、それは手馴れたものであった。小一時間で移送者たちを詰め終えると、次の州へと飛び立っていく。同じ詰め替え作業を五、六州のプリズン専用飛行場でこなしたうえで、最後にオクラホマの飛行場プリズンへと帰るのだ。この米中南部にあるオクラホマ・プリズンこそ、プリズナー移送のための中継基地であった。移送の決まったプリズナーは、全員が必ずここへ集められ、早い者で一週間以内、遅い者で一カ月以内に各州に分類され移送となるのだった。

オクラホマ・プリズンには飛行場が備わっており、常時四機のエアープレインが待機していた。プリズナー及びプリズンの数がともに世界一とされるアメリカならではのことで、それはダイナミックだった。

州立、連邦あわせて大小百以上あるといわれ、完全に一つの社会システムとして運営されているのがアメリカ・プリズンであった。なかには民営プリズンもあるほどで、囚人の移送運搬もそれに見合った規模で行なわれているのだった。囚人移送に使われる四機は赤、青、黄、緑のカラーラインのボーイング機で、東西南北まわりを月曜日から金曜日までの五日間、一機約千二百人の囚人を乗せてフル回転で飛びまわった。

朝早くロンポック近郊の飛行場から移送機に乗った吉村たちが、オクラホマ・プリズンに到着したときには夜八時ごろになっていた。吉村に限らず、誰もが皆グッタリと疲れ果てていた。食事にしても、機内食のサンドイッチとジュースのみの昼食しか食べていなかったから、腹は減るし、手足は痺《しび》れ、地獄の一日といってよかった。吉村は機内で、

〈ああ、これが日本へ帰る旅であればなあ……〉

　と何度夢想したかわからなかった。うつらうつら居眠りしては、新宿の歌舞伎町を駆けずりまわっている若き日の自分の夢も見た。そこには親分の池田亨一ばかりか、死んだ先代の成田定行や兄貴分の富岡忠男まで出てきたのには驚いた。

　オクラホマ・プリズンに着いて監房に入り、吉村たちがようやく食堂で夜食にありつけたころには、十一時になっていた。

　またぞろここでも、飛行場で起きたような囚人同士の涙の対面劇があちこちで見られるのが、吉村には楽しかった。

「おお、久しぶりだな。どうしてた？　元気だったか」

「おまえも歳とったなあ」

　互いに抱きついて泣いている者もいれば、近況を報告しあっている組もあった。

「いやあ、お袋が死んじまってねえ。死に目に会えなかったのが残念だよ」

「そりゃ、気の毒だったな」

「そういや、いつも自慢してたあんたの嫁さんとかわいい子どもはどうしてるんだ？」

「それが逃げられちゃってね。オレがこのザマだからしょうがないけど、情けない話だよ。子どもにだけは会いたいんだ。オレの宝だからなあ」

「前のときはいつも面会に来てたじゃないか。オレの目から見ても、いい雰囲気だったがなあ」

話は尽きないようだった。

かと思えば、よそのテーブルでは、各地のプリズンの情報交換の場になっていた。

「何州の某プリズンは、スパニッシュ系の何某というグループが急激に伸してきて、最近ではこういう事件があった」

「あそこでは一番力のあるグループが何それで、ボスはこれこれで、獄中の勢力比はこれこれこういうふうになっている。他に何某という大物もいて、こんな力のあるヤツもいる。官の連中の待遇も悪くない。あのプリズンの面白いところは……」

「何某プリズンではこの間脱走を図った連中がいて、エラいことになったそうだ。そこでは過去にも同じように脱走しようとして失敗したヤツがいるんだが、その手口はこれこれこうだった」

「何州の何某は……」

聞いていると、恐ろしいほど各地のプリズンの内情に精通していて、その情報量はすごかった。

吉村もこのころになると、かなり英語力もついてきて、話すのはもう少しでも聞きとる分にはおおよそわかるほど上達していた。

〈いったいオレはどこの刑務所へ行くことになるのだろうな〉

仲間の話を聞くともなしに聞いているうちに、吉村もとんとわからぬ自分の移送先が気になりだした。

結局、吉村がオクラホマ・プリズンで待機していた期間は二週間になった。行先がどこのプリズンになるのかは最後の最後まで教えられず、

「明日、押送だ」

と移送日だけは前日に告げられるのだ。翌日、オクラホマからボーイング機に乗せられ、何州かまわったのちに、吉村の到着した先は、コロラド・プリズンであった。

住みやすいコロラド・プリズン

コロラドFCIは、ペニテンチァリーより一段ポイントの低いミディアム級のプリズンだけあって、吉村にすればロンポックより格段に住みやすかった。

凶悪犯や危険人物がいないせいもあるのだろうが、大きな事件やサプライズといったこともめったに起きなかった。

その代わり、細かい喧嘩ざたが絶えないのはチンピラが多いということの証しで、プリズ

ンでは一番始末が悪かった。要はいろんな意味でスケールが小さく、ロンポックが大学院とすれば、コロラドは高校ぐらいの格差があった。

吉村にとって、端《はな》から、

〈こいつは楽勝じゃないか〉

と思えてしまうほどの居心地の良さであったが、その分、ロンポックに比べ、面白味や魅力に欠けていたのも確かだった。

コロラド・プリズンは、ロッキー山脈の中腹にある全米一の標高に位置するプリズンであったから、環境の急変に、吉村は入所して一週間ほどは眠れない夜を過ごした。いったい何が起きたのか、その原因が自分でもわからず、吉村は首を傾げたものだ。なんのことはない、あまりに清浄な山の自然の空気に触れ、酸欠状態になったに過ぎなかった。

冬は牡丹《ぼたん》のような大きな雪が降り、夏になると、満天の星が空一面にいましも手が届きそうな感じで拡がって、それは吉村の目にも感動的なほどきれいだった。

ロンポックUSPを経験した吉村にすれば、コロラドFCIの生活に順応していくのは造作もなかった。ここでもつねに気持ちを前向きにしてプリズナー仲間にも融けこみ、プリズンライフをエンジョイする術を次第に身につけていったのである。

吉村の起床は毎朝八時と決まっていて、ロンポック時代からめったに朝食を摂ったことはなかった。

　それからおもむろに仕事に出かけるのだが、日本と違い、仕事は自分で選択できるシステムになっており、吉村が選んだのはオウドリーといって舎内掃除であった。

　もっとも、仕事といえば聞こえはいいけれど、吉村の担当は二階のステアー（階段）で、十分もあれば終わってしまうものだった。それを誰に指示されることもなく、のんびりと勝手気ままにやり終えると、中庭に出て毎朝行なうのが二十分のストレッチであった。こっちのほうがメインの仕事といってよかった。

　これまた誰が付くわけでもなく、見張る看守もいなかった。つまりは舎内は自由行動ができて、開放されていたのだ。プリズンには二百人ほどの受刑者《プリズナー》が収容された広いユニットが四棟あって、各ユニットの中も自由に歩くことができた。プリズナー同士、誰の部屋へ遊びに行こうが、誰と話をしようが、何の問題もなかった。事が起きたときこそロックダウンされるが、普段は部屋に鍵も掛かっていなかったのだ。

　各ユニットにはテレビ室、シャワー室、洗濯室、トイレが完備されていて自由に使うことができた。テレビ室は五室あって、夜十二時までいつでも観ることが可能だった。テレビはチャンネルも数多く、スポーツ、映画、ミュージック、スパニッシュ系、自由チャンネルとあり、受刑者はテレビを観るだけで忙しい毎日となった。その他に娯楽としてトランプ、チェス、ゲーム、囲碁等が盛んだったが、囲碁は吉村が広めたものだった。

工場に出ていない者のためには、午前七時から一時間置きに十一時まで、午後は十二時よりムーブタイムがあって、運動場に行っても良し、中庭にいても良し、他のユニットに遊びに行くことも許された。

運動場はかなり広く、野球グラウンド二つ分は優にあった。塀がなく金網であったので開放感があり、二百メートル先の国道の車の往来が見えるのは、プリズナーにはとんだ目の毒ともいえた。その一方で、遠い山々と家並も展望でき、吉村は雄大な山々を見るたび、心が洗われる思いがした。

グラウンド内には野球場、テニスコート、バスケットボールコートがそれぞれ二面ずつ設置され、各種のバーベルマシーンも置かれていた。

受刑者はグラウンド内を歩くことも走ることも自由で、夜は五時から八時半までいることができたのだが、看守が付くこともなかった。一時間おきに流される所内アナウンスにてすべて動くのだ。日本の刑務所のように、受刑者がどこへ行くのも看守と一緒、何をやるにも側に付き、やりたいことにも許可がいるという実態とは大違いだった。

そんな自由さに充《み》ちたなかでも、吉村の毎日の暮らしぶりは一定のパターンが決まっているのも不思議だった。

朝九時ごろには、いつものストレッチを終えると、夫にあわせてロンポックからコロラドに移住してきている妻に、電話を掛けるのが日課となっていた。

朝八時より始まる日本のテレビニュースの情報を聞くためだった。実際は吉村も衛星放送で観ることができるのだが、つい寝坊して見逃してしまうことが多かったからだ。

電話を終えると、お茶とオートミールの軽い朝食を摂りながら、衛星版の三日遅れの読売新聞を一時間くらいかけて読むのだ。そのあとで、日本の週刊・月刊誌の類に目を通したりしているうちに、十一時の昼食となるのがつねだった。いっぺんに百人から百五十人くらい入る大食堂で食事を済ませると、妻との二度目の電話タイムとなった。

妻の美代子にコンタクトを取ってもらった日本の友人・知人の近況を聞いたり、吉村がその夜電話すべき相手を確認したり、決まってとりとめのない電話になってしまった。

それでも吉村には、そんな電話ができる美代子の存在が、どれだけ異国のプリズンライフを支える励みとなったかわからない。

『限りなき前進』

吉村のコロラド・プリズンにおける午後の暮らしぶりも、毎日ほぼ決まっていたが、日々得るものは大きかった。

昼食後の妻との電話タイムを終えると、午後は、一時から始まるビデオ映画を観るか、運動に出るかのどちらかであった。

映画は一日三本立て、朝八時、午後一時、夕方六時と放映された。街の封切館より一、二カ月遅れに過ぎない最新のアメリカ映画で、映画好きの吉村には堪《こた》えられなかった。

番組は一週間ごとに替わり、新しい作品が放映される月曜日となると、吉村はつい朝の仕事もサボって観てしまうのだった。

もともと日本にいたときから、邦画よりも洋画好きであったので、映画タイムは至福のときでもあった。日本と違って日本語の字幕も出なかったから、英語の勉強にもなった。

こうして午後を過ごしていると、三時半に工場勤めの者たちが帰舎してきた。四時より点呼があって、五時から夕食となった。

夕食後の余暇時間を、吉村は極力有効に活用するように心がけた。多くの工場勤めの者たちと同様にグラウンドに出たり、夜十一時半まで利用できる電話やシャワーを使い、あるいは手紙を書き、ときにはポーカーに興じ、日々読書に励んだ。

同房の者の迷惑にならなければ、夜は何時まで起きていても構わなかった。

なかには先に寝に就いたルームメイトを気遣って、廊下に出て本を読む者の姿もあった。

廊下の端の鍵こそ掛かっていても、部屋がロックされることはなかったのだ。

幸い、吉村の場合、ルームメイトも宵っ張りであったから、ベッドに就くのは大抵深夜一時ごろになった。

コロラド・プリズンに入所しておよそ六カ月、その日——一九九九年五月、日本式に言えば平成十一年五月、吉村が夜遅くまでベッドの上で読んでいたのは、つい先日、日本から送ってもらったばかりの本だった。

吉村が所属する極東会眞誠会の機関誌で、その誌名を『限りなき前進』といった。親分である極東会会長代行の池田亨一が、二十年も前から発行・編集人として取り組んでいるものだった。

その平成十一年四月十六日発行の『限りなき前進』第五十四号の表紙を捲《めく》った吉村の目に、真っ先に飛びこんできたのは、和服姿でソファーにすわる極東会のドン・松山眞一の写真であった。

「神農業界のカリスマ」といわれるだけに、やはりいうにいわれぬ貫禄があり、圧倒的な存在感があった。

吉村は威儀を正してその姿に見入り、身が引き締まるような思いにさせられた。思わず異国にいるのを忘れそうになった。

その右隣には、極東会の綱領が掲載されていた。

《本会々員たる者は　名誉と責任を自覚し
相互に敬愛し　信頼し　誠実を旨とし
節度を重んじ　身心を鍛え
常に向上を怠らず
信義をもって　道となすべし》
日本にいたときは正直言って目にも留めなかったものだが、こうして異国の地で囹圄《れいご》の身となったいま、改めて目を通すと、その一文字一文字が胸に突き刺さってくるようだった。
次のページを繰ると、《平成十一年度事始め・親子盃》のタイトルがあり、写真が三点掲載されたグラビアページとなっていた。
事始め式のワンショットであろう、松山眞一会長が上座正面に立って挨拶している写真があった。そのすぐ隣で着座する池田亨一の姿を目にしたとき、吉村は懐かしくてたまらず、思わず、
「親分……」
と声をあげてしまった。礼服に身を包み、瞑目《めいもく》する姿は以前と少しも変わっていないように見受けられた。が、心なしか痩せたようにも感じられた。
思えば、吉村が池田と最後に顔を合わせたのは、ハワイに向けて成田を発つ三日前のこと

だったから、もう丸々六年も会っていない勘定になった。

その夜はたまたま新宿三丁目の酒場で会ったのだったが、吉村が指名手配されている身と知って、池田は、

「何だ、光男、また何かやらかしたのか。しょうがねえヤツだな」

と苦笑いを見せたものだった。

その「光男」と呼んだ声が、いまも耳朶《じだ》に残っていた。

〈親分、度重なる親不孝、申しわけありません〉

吉村は胸の内で詫《わ》びた。

『限りなき前進』のページをさらに繰ると、目次があり、続いて松山眞一の巻頭言、次に事始め式と親子盃のレポート記事が十五ページにもわたって掲載されていた。

それによると、事始めにおいて、発表された極東会の平成十一年度指針は、《夷険一節《いけんいっせつ》》とのことだった。

吉村が、どういう意味なんだろうな、と思っていると、最初のグラビアページで、《『夷険一節』とは、各自がどのような境遇にあろうとも、与えられた職務を責任をもって全うすることである》

との説明がなされていた。

吉村は、事始め式の冒頭、池田が会員一同を代表して述べたという『誓詞』を熟読した。

《……バブル処理の不手際に端を発した日本の経済不況は、無謀な経済政策や景気対策によって、益々出口のない迷路に国民を誘導しております。二十一世紀まで我々に残されたわずか一年の再生猶予の期間内に、国家の基本的営みを固め、国際社会の生存競争の勝者たらしめる為にも、乾坤一擲《けんこんいってき》、男子の本懐を集結させなければなりません。

このような現況に鑑み、平成十一年度は、『夷険一節』をスローガンに、極東会の興隆に向けて全会員が一丸となって前進する決意でございます。

『夷険一節』とは、自分の運命が平穏であろうとも、また険しく厳しいものであろうとも、節操を変えずその職責を全うすることです。

近年の神農業界は何かと揺れ動いておりますが、我々はどのような状況下にあっても、極東人としての誇りを持ち、極東人としての信念を曲げることなく、お互いに与えられた職責を全うすることが幹部各位の義務であり、使命でもあります。それが極東会の内的充実に連動することは明白で、論を俟つまでもありません。

五代目体制の究極の目標は、若い会員が望む強靭《きょうじん》にして魅力ある組織作りであることは毎年申し述べておりますが、執行部は二十一世紀に向けてのネオ・ニューリーダーの育成が焦眉の急であると考えております。幸いにも極東会には前途を期待される精鋭幹部が数多《あまた》おり、その中より将来を委ねる人物を一日も早く育成し登用することが、親分の信任を得て組織運営を司《つかさ》どる我々の報恩であると勘案するものであります……》

聞き慣れた池田の独特の低い声が、誌面から立ち昇ってくるようであった。吉村は、そこに紛れもなく親分・池田の姿をまざまざと見ていた。

東洋系のボスにされる

コロラド・プリズンでは、ロンポック最重刑務所《ペニテンチアリー》（USP）から来た「ジャパニーズ・マフィアの大ボス」として、吉村は最初から〝顔〟であった。たちまち東洋系の中では一番のボスとされ、パシフィック・オーシャングループのドンとなった。

同房の白人も、吉村には一目置いて、吉村が初日に、

「オレは二段ベッドは上じゃ寝られない。下じゃないとダメなんだ」

と申し出ると、すぐに、

「オーケー」

と下を譲ってくれるのだった。

コロラドにも慣れ、舎房棟《ユニット》仲間とも仲良くなってきて、吉村が、

「オレは本当のことを言えば、ロンポックを出たくなかったんだ。あそこが好きになってたからね」

と打ち明けると、誰もが信じられないという顔になった。同じプリズンでもペニテンチァリーがどれだけ怖ろしいところか、プリズナーなら知らぬ者とてなく、一刻も早くそこを出たかったというのならともかく、吉村のようにどこへも移りたくなかったというのは、正気の沙汰とも思えなかった。仲間たちは、

〈いったいこの日本人は何なんだ……〉

といった顔で、不気味そうに吉村を見遣るのがつねだった。

そういえば、コロラドへ移る前、吉村が仲良くしていたイタリアン・マフィアの大物であるカーマン・スネークやタァーコから、

「ヨシ、ここから移るとしたら、次はどこへ行きたいんだ？」

と訊かれたことがあった。

「いや、オレはここがいいよ。ユーたちと離れたくない」

と答えると、彼らはある程度吉村の移送を予測していたのか、

「ヨシは一回も反則がバレてなくて独居房《ホール》へも行ってないんだ。そろそろワンランク下のプリズンへ移されるころだろ。楽できるんだ。そのほうがいい」

と言った。さらにタァーコが、

「どうだい、ヨシ、フェニックスへ行くか？　あそこはいいところだぞ。オレの兄弟分もいるんだよ」

と勧めてくる。

〈フェニックスへ行くか、って、いくらこっちが行きたいと言ったって、行けるもんじゃないだろが……〉

吉村が呆れた思いでポカンとしていると、タァーコがその胸の内を読んだように、

「いや、それができるんだよ。ヨシが行きたいというなら、オレが手をまわしてやる」

と自信たっぷりに言うのだ。タァーコやスネークなら本当にできそうな気がしてくるから不思議だった。それくらいの力があると言われても納得できてしまうのだ。

「フェニックスというのはどこにあるんですか？　暑いとこ？　それとも寒いとこ？」

吉村の問いに、

「砂漠の真ん中だから、そりゃ暑いな」

カーマン・スネークが答えた。

「そりゃダメダメ。私は暑いのはまったく苦手でね、寝られないんです。寒いのはいくら寒くても平気なんだけど」

そんな理由を述べて、吉村がフェニックス行きを断わったといういきさつがあったのだ。

「まさかそれでこんな高い山の麓にある、うんと寒いコロラドに決まったというんじゃないよな」

ユニットの仲間が、真顔で吉村に聞いたものだ。

「いや、ここに移されたのは、まったくの偶然だと思うけどね」

とは言え、吉村にも断言できなくなっていた。

お節よりもクリスマス

この年（二〇〇〇年）、吉村は日本を離れてから、アメリカのプリズンで正月を迎えることと七度目となっていた。

正月となれば、日本の刑務所なら一年に一度の豪華メニュー、お節《せち》料理に雑煮の餅が出て、正月三が日は休みと決まっていた。

それがアメリカの場合、大晦日《おおみそか》から始まるカウントダウンと、あちこちで花火があがる程度のイベントが元旦にあるだけだった。それが過ぎると、潮が引くように平常に戻り、何ら変わらぬ始動となった。よって休日は元旦のみ、プリズンの正月メニューも普通食にチキンとパイが付くだけのものであった。

国を挙げて正月を祝う文化のなかで生まれ育っただけに、吉村はクリスマスに重点を置くお国柄の正月には、七年いても馴染めなかった。

アメリカ・プリズンと日本刑務所との違いは、その食事においても顕著だった。各舎房へ配食される日本と違って、アメリカの場合、プリズナーが舎房棟とは別棟にある大食堂へ移動して食事を摂ることになった。

食事時になるとアナウンスがあり、それによって受刑者は大食堂（コロラドでは所内中央にあった）へと赴くのだが、自分の腹次第で行っても良し、行かなくても良し——と自由だった。ただし、ラストコールを聞き逃し遅れて駆けつけても、ロックされた扉が開《あ》くことはなかった。

朝食は定番のバター・ジャム付きの食パン、ミルクの他に、シリアル、オートミール類が非常に多く、ときにはクッキーやパンケーキ、あるいはソーセージ、ハム、ハンバーガー、ベーコン、肉類と朝から油っこいものが出ることもあった。卵料理は目玉焼き、スクランブルエッグ、ゆで卵と出て、そこから好きな一品を選ぶのだ。

パンの種類も一週間おきに替わり、なかでも人気が高かったのは、ハニーパン、シナモンロール、バターピーナッツパンと甘いパンに集中した。各一個と決まっていたこともあって、当然ながら商売人も登場し、横流しの売り子があちこち走りまわった。相場は一個が切手二枚――日本円にして約六十円だった。

ロンポックより高いと知って、これには吉村も、

「それだけコミュニティがしっかりしてないせいだな」

と苦笑いしたものだ。もっとも、吉村の場合、朝はズル寝を決めこんで、めったに朝食を摂ることはなかった。

朝食は午前六時半から七時半まで、昼食は午前十一時から正午までとなっていた。

工場に出ている者たちの中には、その日の昼食メニューが合わなくて、舎房棟《ユニット》に自炊に戻る者も多かった。工場に出ない吉村たちなら、時間調整はいくらでも上手くできたが、彼らはそうはいかず、一時間の昼食時間内に急いでつくって食べ、また工場へ戻らなければならないとあって、何かと忙《せわ》しなかった。

そうかと思うと、朝のうちに弁当をつくって持参し、工場で昼食を済ませる者もいたし、スーパーで買いいれたジャンクフード――お菓子、キャンディバー、パンを弁当代わりにする連中もいた。

所内にスーパーがあるというのもアメリカ・プリズンならではのことで、そこにはウォークマン、サングラス、デジタルウォッチ、小型扇風機から小バサミ、裁縫道具、髭剃《そ》り、爪切りまでがそろっていて、何でもプリズナーが買えるというのだから、日本では考えられな

かった。

　昼食を工場で食べるにしても、指定の場所で食べていないからといって、咎めだてする看守など誰もいなかった。スーパーで買ったアイスクリームを食べ歩きするプリズナーもいるほどで、移動時間内となれば、所内はさながら解放区の様相を呈した。

　むろん工場と舎房棟《ユニット》、運動場の区間には検問があって、ゲートには金属探知機が設置されてはいたが、食事時とは別に、一時間置きに移動時間があり、工場の者でも許可証さえもらえば自由にどこへでも行けたのだ。

　広い所内を鼻歌を唄いながら一人で歩く。中庭のベンチに腰掛け物思いに耽《ふけ》る。週に一度のスーパーの買いつけ。運動場までの四百メートルの道のりを、途中で行き交うプリズナーと気楽に声を掛けあいながら一人で歩いていく――そうしたことがすべて可能となったのだった。もとより看守も付かなかった。

　面会にしろ何にしろ、看守の付き添いなしでは何事も始まらない日本の刑務所との違いを、吉村はこのときほど感じることはなく、ときには夜の運動場で独り、満天の星を仰いで、そのささやかな自由を心ゆくまで味わったものだ。

　さて、食事の話である――。

　午後五時からの夕食はメニューがグンとゴージャスになって、大食堂に集まるプリズナーの数も、朝・昼食のときと違って断然多くなる。一舎房棟《ユニット》二百人もの人間がドッと繰りだすのだから、賑やかだった。

吉村たちは順次二列に並び、プラスチック製のスプーン、フォーク、プレートを持って、キッチンボーイにその日の夕飯を盛ってもらうことになるのだ。

大食堂には四人掛けテーブルが五十席あって、どこにすわっても構わなかった。が、大抵は人種によって席が分かれ、白人系が右側、黒人系が左側、吉村たちアジア系・褐色系は中央の席――と決まってしまうのは、ロンポックのときと同様であった。

そんなところにも多分に人種差別が見え隠れしているわけで、そうしたことはカントリーのプリズンに行けば行くほど根強く残っているという。

食事の主食はやはりパンが多く、ライスは週に一、二度程度だった。その主食のプレートの盛り付けの他に、サラダバーとスープ・煮付けのバーがあり、セルフサービスで自由に何杯でも取ることができた。

肉が好きな者には堪えられないメニューで、二日に一度は何らかの肉料理が出た。しかもボリュームたっぷりで、量的には満足できるものだった。

だが、グルメの吉村には食べられる代物ではなく、味は最悪であり、材料の質も最低、「不味《まず》い！」のひと言に尽きた。

それでも慣れてくると、その味を当たり前として食するようになるのだが、日本料理がいかに旨かったか、吉村がつくづく恋しくなるのはそんなときであった。

評判の日本料理

吉村の好物のプリズン食は、タコスやトルティーヤ、メヌードなどのメキシコ料理であった。なかでも、日本流に言えばモツの煮込みといったふうのメヌードには目がなかった。

コロラドでは月に一、二度の割合でインディアン料理も出た。バッファローの肉と焼きパンで、肉はインディアン特有のスパイスが効いていた。元来硬い肉なのだが、トロトロと弱火で焼くせいか柔らかくてなかなかの美味だった。

プリズン料理は大きく分ければ、白人、黒人、南米系となり、キッチンには各国の料理人が入っていた。

白人系料理はステーキ、ハンバーガー、チキン、ポーク、ホットドッグといった手のかからない毎度お馴染みの肉料理。

黒人系は豆《ビーンズ》が主となった料理で、吉村には南米系でもとくに辛くて刺激的なメキシコ料理が堪らなかった。

料理ができるプリズナーはキッチンから声がかかり、吉村も二、三度、スカウトされたことがあった。

吉村は一日に一回は自炊しており、その御相伴に与った者の口から、

「ヨシのつくる料理は旨い」

と広まったようだった。噂を聞いて、ポリスも吉村がつくるのを見に来たほどだった。

そういえば、ロンポック時代も、吉村のつくる冷やし中華が評判を呼んで、イタリアン・マフィアのサロンがヨシ・クッキング・スクールと化したことがあった。

きっかけは吉村が自分の部屋でカップヌードルを旨そうに食べていると、

「ヨシ、何を食べているんだい？」

とたまたま訪ねてきたイタリアン・マフィアの一人が目に留めたことだった。

吉村が同じものを作って振る舞ってやると、

「うん、こりゃ旨い！　ヨシ、これをうちのメンバーにも教えてくれよ」

となって、イタリアン・サロンで料理したのが始まりだった。

カップヌードルからチャーハン、焼きそばなどをつくって、とくに受けたのがピクルスとゆで卵入りの冷やし中華で、サロンはたちまち日本料理教室の開講となったのだった。

コロラドでも吉村がいろんな料理を自炊できたのは、パックライス、ヌードル、ラーメン、スパゲティ、スパム、魚缶・肉缶詰といった食糧から、唐辛子、ニンニク、スパイス、オリ

ーブオイル、塩、砂糖、ハニー、醤油《しょうゆ》等々の調味料まで、すべてスーパーで買えたからであった。

なかでもとりわけ重宝したのは日本の醤油で、これさえあれば、焼きそば、焼きメシ、照り焼きと何でもできた（野菜は闇でいつでも手に入るのだった）。

その醤油が数年前から、ビン詰めのキッコーマン醤油からセルボトルの東京醤油に代わったのは、いかにもプリズンらしい理由があった。プリズナー同士の喧嘩の際、醤油のビンで相手の首を刺す事件が三、四回続いたためだった。

看守《ポリス》には軍隊あがりが多く、日本へ行った経験がある者もいて、彼らはバカの一つ覚えのように、「スシ・テンプラ・ヤキソバ・サシミ」と唱え、なかには、

「ヨシ、ヤキソバをつくってくれよ」

などと言ってくるポリスもいるのだった。

大食堂の中に、プリズナーとは別にポリス専用の食堂があり、食事は別々に摂るのだ。それでもメニューは三食ともプリズナーと同じもので、〝官炊メニュー〟と称して受刑者とは別になる日本の刑務所のようなことはなかった。そのへんはさすがに民主主義の国である。

吉村にすれば、たまに自炊をし、他の者にそれを振る舞って喜んでもらえばうれしいだけで、スカウトされてもキッチンにつとめる気はなかった。

そのキッチンにおいて、週に一度、〝魚の日〟があって、焼き魚、フライのどっちにせよ、吉村の週一度の楽しみであった。〝顔ヅケ〟で食べられるほど、いつか吉村はコロラドでは屈指の〝顔〟になっていたのだ。

こうした食事面に限らず、アメリカのプリズンを経験して、吉村が痛感したのは、日本刑務所の処遇の悪さ、時代錯誤といっていいほどの後進性であった。

日本の刑務所も通算十年ほど経験した吉村の実感として、そのシステムが受刑者を人間扱いしたものとは到底思えなかった。

医務ひとつとってもそうだった。アメリカ・プリズンの医療機関は日本の比ではなく、どこも設備・規模ともにしっかりしており、医師にしても、患者《プリズナー》の身になって診てくれるのだ。

吉村はこのコロラド・プリズン時代、『獄同塾通信』という日本の獄中同人誌にこうレポートした。

《そもそもアメリカのプリズンの基本的人権は、この医務より来ているような気が致します。医者として、人命を尊ぶ事は当たり前の事であります。それを特に認識致し、責任を遂行致しておるような気さえ致します。それ程に至れり尽くせりに行き届いております。

日本刑のようにヤブで看守根性の官意識は全くありません。緊急時の診察は勿論の事でありますが、求めれば必要ある投薬も惜しみなく頂けます。診察も納得いくように行なってくれます。それ以外に定期検査が三カ月〜六カ月に一度必ずあり、レントゲン・血液検査何でもやってくれます。その他日本刑でいいます八王子医療刑務所のような所が全米に何カ所かあるということであります。

私事で例をあげますと、私は通常よりハイコレステロール体質でありまして三〇〇P（通常一六〇〜七〇）ありました当時から七〜八カ月投薬により一八〇Pに下げて頂き平常体質近くになっております。たかがコレステロールであります。日本刑であれば診察すら致してくれません。それどころかコレステロールが溜まる程に食事すら摂れません。コレステロールの心配などあり得ませんから！》

歯科や眼科にしても、診察を申し込めば、一週間以内に治療してくれ、視力の悪い者にはそれに合った眼鏡を無料で支給してくれるところが、アメリカ・プリズンだった。

何よりプリズンのスーパーでアスピリンや胃薬が自由に買え、五、六種のビタミンが常用できるというのだから、日本の刑務所は及びもつかないだろう。

『獄同塾通信』で知った男

吉村はコロラドで、その後の獄中生活において大きな心の支えとなる、通命の男と出会うことになる。

それもコロラド・プリズンのプリズナー仲間にあらず、日本の未決拘置所で拘留生活を余儀なくされている大阪のヤクザであった。

名を川口和秀といい、東組二代目清勇会会長という立場にあった。

川口は自分の身に被せられた罪を冤罪として、獄中闘争を戦っている真っ最中だった。

川口が関与したとされる事件は、昭和六十年九月二十三日、兵庫県尼崎市で起きた『キャッツアイ狙撃事件』として世に知られていた。山口組倉本組と東組の抗争中、スナック「キャッツアイ」でバーテンをつとめる山口組倉本組系組員に清勇会の組員が重傷を負わせ、流れ弾でホステスを死亡させた事件であった。

その実行犯として二代目清勇会組員が逮捕されたのは一年五カ月後の六十二年二月二十五日のことで、続いて翌三月二十一日、実行教唆の共同正犯で二代目清勇会幹部が逮捕された。そして、この幹部の供述により、平成元年一月二十二日、幹部に犯行を指示していたとして逮捕されたのが、二代目清勇会会長の川口和秀であった。

川口は当初から不当検挙を指摘し、まったくの冤罪として一貫して無罪を叫び続けていた。第一審判決まで五十五回の公判が繰り返され、八年の歳月をかけ、平成九年二月七日、神戸地裁尼崎支部が川口に下したのは、懲役十五年の実刑判決であった。

川口にかかる罪は、子分に殺人を指示し拳銃を交付したという共謀共同正犯。その証拠はすべて共犯者とされる二人の配下の自白であり、川口の罪状を証明する物的証拠は一つもなかった。

川口はただちに控訴したが、平成十年六月の二審判決は控訴棄却であった。判断は最高裁の場に持ち越されたのである。

結果、川口は平成十四年三月に最高裁で結審、九年の刑期を残して宮城刑務所に下獄したのだが、吉村が川口のことを日本の雑誌で初めて知ったのはその三年前のことだった。ロンポックからコロラド・プリズンに移送されて間もなくのことである。

吉村は、自分と似た状況にある日本のヤクザがいることを知って驚き、大層興味を抱いた。

〈いや、オレは冤罪といっても、FBIの囮捜査に嵌められたんであって、罠に嵌まったオレがマヌケだってことにもなるだろうが、この川口氏の場合、日本の官憲にまるっきり陥れられたようなもんじゃないか。ひどい話だ。それでも一歩も引かずに権力とやりあおうってんだから、すごい男だな、この人は。ぜひ頑張ってもらいたいな〉

と願わずにはいられなかった。獄中にあって、あくまで権力に闘いを挑み続ける川口和秀のファイティング・スピリットには頭が下がる思いがした。

吉村は、コロラドから遠く離れた日本の拘置所にある川口和秀にあてて、励ましをこめた手紙を書いた。

しばらく経って川口からも、何枚もの便箋に長い文章が認《したた》められた返事が来て、二人の文通が始まったのだ。

吉村は異国の地で、ほとんど身震いするほどの感動で、川口の文《ふみ》を読んだ。

〈日本のヤクザにもこんな男がいたのか。これこそ本物の仁俠じゃないか！　オレなんか足元にも及ばない。オレより年少なのに、器量から何からオレより数段上だな、この男は。知らなかったことはいえ、そんな本物の男に対し、励ましなんて、とんだ無礼もいいところ、笑止千万だ。何のことはない、励まされてるのはオレのほうじゃないか。オレが川口さんから励まされてるんだから世話ない……けど、なんとまあ、すごい男がいるもんだ〉

吉村はしばらく興奮冷めやらなかった。

それにしても、日本から遠く離れた異国の地で、本物の日本のヤクザに出会うというのも、考えてみれば妙だった。吉村にはそれがなんとなくおかしかった。

〈だけど、このことだけでも、オレの今度のアメリカ・プリズン入りの意義があったのかも知れないなあ〉

逆境の最たるなかで、そう考えるところが吉村の吉村たるゆえんであった。

実は吉村の文章を紹介した前述の『獄同塾通信』は、川口の企画発案になるものだった。

川口は第二号の自身の連載エッセイ「我雑草のごとく」で、

《我々獄同という環境下での手紙というものは、社会の人達の想像以上に有り難い「物」で、書詩家「相田みつを」は、人との出逢いは、その人の人生を根底から変える時がある、という様な作品を残して居り、一人でも多くの獄同が、笑って読め、花岡と川口の様な出逢いが得られればと思い、発行に至ったのです》

と述べている。花岡とは花岡組組長花岡康雄のことで、一審無期請求され懲役十七年の判決を受けたが、六年にわたる法廷闘争を経て、控訴審で懲役十五年の減刑を勝ちとった、生きた伝説ともいえるヤクザだった。

吉村は川口を介してこの花岡とも交流が始まり、やはり本物の男を知ることになる。

「獄同者が笑って読める投稿パンフレット」と銘打たれた『獄同塾通信』が創刊されたのは、二〇〇〇年（平成十二年）春のことだった。

川口の支援者たちが苦しいなかから資金を捻出し、大場知子という一市井人が編集する年四回の季刊誌であった。

吉村も、川口和秀が塾長をつとめるこの『獄同塾通信』には、三号から定期的に投稿するようになった。

初めて送ったレポートで、吉村は同郷の贔屓の幕末の志士・高杉晋作に触れ、獄中の同志たちに熱いメッセージを送っている。

晋作が病床で詠んだ辞世の句が、「おもしろきこともなき世をおもしろく」。息が切れ下の句が続かなかったとき、友人の野村望東尼という福岡の女流勤王歌人が、側にいて、

「棲《す》みなすものは心なりけり」

と付けた。

それを聞いて晋作は、「おもしろいのう」と言って息を引きとったといわれる。

吉村はこの「おもしろいのう」が格別好きで、苦境に陥ると、この句を思い出して発奮するのがつねだった。

吉村はレポートをこう続けている。

《その晋作の心意・立場を我々に結びつけるのは飛躍し過ぎかも知れませんが、おもしろくもない世に棲んでおります私共と致しますれば、この句も味わい深く晋作の辞世に重ね得るものがあるのではと考えます。

「おもしろきこともなき世をおもしろく」が正に今の我々の心境であるとすれば「棲みなすものは心なりけり」を与えて下さっている大場さんは野村望東尼の心意であられるのではと受け取っております。

その優しさの中にある精神道をお互いに大切にされ、この艱難《かんなん》を「おもしろいのう」での り越えましょう》

秘儀・吉村医院

二〇〇一年三月、吉村はちょっとした騒動に巻きこまれ、二年余服役したコロラド・プリズンからよそへ移送されるハメになった。

それは突然のことだった。二人のポリスがブラッと吉村の部屋にやってきたかと思うと、

「ヨシ、ユーを保護する」

と言うのだ。

「何？」

吉村が何のことかわからずにいると、ポリスは、

「ヨシの躰に埋まってるダイヤを盗ると言ってるグループがいる。それでヨシを保護し、ユーの躰を調べなきゃならないんだ。医者の検査が必要だし、レントゲンで診ることにもなるだろう」

とんでもないことを言いだした。独居に入り、一定期間の取調べを受けなければならないとも申しわたすのだが、吉村はそれを聞いてピンとくるものがあった。

〈ハハーン、こいつはもしかしたら、あのときのジョークを本気にした連中がいるな〉

と、とっさに思いあたるフシがあり、笑えない話になったことを知った。

そのころはもう二年にもなろうかとしているコロラド・プリズンにあって、吉村はプリズナー仲間にも一目置かれ、すっかり顔になっていた。非常に運気も上向きの時期で、嵌まっていたポーカーでも連夜負け知らず、終いにはテラ銭までとる有様だった。

仲間も吉村のツキを不思議がり、ある夜、一緒にポーカーに興じていた一人が、

「ヘイ、ヨシ、ユーはどうしてそんなに強いんだい？」

と訊くから、吉村はつい、

「ポーカーばかりじゃない。オレのは股間に入れてるもんだって、おまえらのような安物じゃないからな」

と軽口を叩いてしまった。

若いころ、日本の刑務所で服役していた時分、吉村もまた、無聊《ぶりよう》をかこって〝真珠入れ〟と称する股間のジュニアの補強工事を行なっていたのだった。とはいえ、入れるものは本物の真珠ではなく、大概は歯ブラシの柄を玉状になるまで削りあげたものであった。

実はこの日本式の〝玉入れ〟をコロラドのプリズナーの間に大流行りさせていたのが、当の吉村であった。われもわれもと吉村のもとへ補強工事を受けたがる者が殺到して、いつか吉村は「ドクター・ヨシ」の称号が付くようになっていた。

「へぇ、じゃあ、ヨシは何を入れてるんだ？」

ポーカー仲間がさらに興味を示して聞いてくるので、吉村は、

「オレはダイヤを入れてるのさ」

とジョークで答えた。相手が怪訝な顔をしているのを見て、吉村はなお悪戯っ気を起こし、

「よし、じゃあ、特別に見せてやろう」

とみんなを集め、自分のものを取りだして見せてやることにした。

最初の水戸少年刑務所時代、吉村は工場で溶接作業を担当していたので、コーラ瓶の底を溶接で玉状にして固め、陰茎に埋めたものが何個かあった。

いざ、吉村が自分の息子を引っ張り出すや、何やらサファイヤ色をしたボコボコが現われ、それを目にしたプリズナーたちから、

「ワォ！」

という感嘆の声があがった。なるほど吉村の言う通り、ダイヤのように見えなくもなかったからだ。

それにしても、吉村はコロラド・プリズンで変なことを流行らせたものだった。それはアメリカのプリズンに初めて齎《もたら》された異文化といってよく、白人、黒人、スパニッシュ系の皆が珍しがって、ドクター・ヨシの玉入れ手術を受けたがった。

吉村は一切金をとらず無料でやってやったから、〝吉村医院〟は押すな押すなの人気だっ

た。材料は歯ブラシの柄ではなく、ブラインドのプラスチック製の飾りの部分で、吉村は玉入れ希望者には、それを玉状に削らせて持ってこさせた。

ビー玉状になるまで削りあげたそれを、陰茎の皮と肉の間に埋めこむだけなのだから、手術は簡単といえば簡単であった。

埋めこむ箇所の皮を指先でつまみあげ、そこに先をとがらせた竹の箸《はし》を一気に突き刺すというのだから、荒業《あらわざ》には違いなかった。吉村は一回ごとに手袋を替えて行なうほど、衛生上の対策も抜かりなかった。

だが、紅毛碧眼《へきがん》の悪党どもは意外とだらしなかった。なかには、吉村が先のとがったもので突こうとすると、チクッとしただけで、

「オー、ノー！　やめてくれ！」

と悲鳴をあげる者、血を見ただけでひっくり返る者もいれば、失神してしまう大男もいたのだった。

それでも吉村のジュニア補強工事は概ね好評を博した。

出所していった連中からも、吉村のもとへ、

「ヨシ、ありがとう。ベリーグッド！　うちの奥さん、とても喜んでいた」

といった手紙も何通か来た。

噂が広まって、

「ヨシ、オレにもぜひ入れてくれよ。そのパワーの源を」

出所がいつになるやらわからぬプリズナーまでやってきた。

気の早いヤツは、吉村に〝手術〟を施してもらうや、塀の外で待っている女房や恋人に、

「おい、楽しみに待っててくれよ。出たらおまえをうんと喜ばせてやるから。天国へ行かせてやる」

と電話をかけた。

〈やれやれ、これもまた、おもしろきこともなき世をおもしろく――ってヤツの一種かな……〉

吉村は苦笑を浮かべながらも、プリズンライフをそれなりにエンジョイしていたのだった。

初めての独房

アメリカ・プリズンに服役の身となって、八年目にして吉村は初めて独居房《ホール》生活を余儀なくされた。

インベスティゲーション――日本でいう取調べを受けるためであった。アメリカ・プリズンの取調べは、規定によって三カ月間留め置くことができるとのことで、大概の者はその期

間いっぱいの拘置となるのがつねだった。

三カ月間の取調べ後に何らかの処分が下され、ほとんどの者はハイポイントのプリズンへの移送（不良押送）が決まり、その行く先にて懲罰が科されるのだ。重いもので六カ月か一年の面会・電話・書信・買い付け等の中止、軽い者で同様にそれらの三カ月の中止、または中庭の掃除などがあった。

「取調べって、いったい何の取調べなんだ？」

予期せぬ事態に、吉村は色をなしてポリスに訊ねた。

「ユーのジュニアにダイヤが入っているという情報を得たからだ。それを強奪しようとしてるヤツらがいるとの情報も伝わっている。そのギャングからユーを保護しなければならない」

なんでもギャング団は、吉村のシンボルに埋まっているダイヤを奪うためなら、逸物ごと切りとるような連中だという。

「何じゃ、それは？　ダイヤなんか入ってるわけないだろ」

吉村は憤懣《ふんまん》やるかたないといった顔で、ポリスに突っ掛かった。日本刑務所の受刑者、とくにヤクザの間で昔から行なわれている、いわゆる〝玉入れ〟を、コロラド・プリズンにも流行らせたのはよかったが、その過程で、吉村は思わぬ騒動に巻きこまれてしまったのだ。

「これは不当な扱いだ。人権蹂躙《じゅうりん》だ。オレはそんな取調べを受けるいわれなどない。何で独居房《ホール》なんだ」

吉村は官に強く訴えた。が、その声はなかなか上には届かなかった。

ともかく吉村にとっては初めての独居房《ホール》経験で、考えてみたら、いままでロンポック、コロラドと八年ものプリズン暮らしのなかで、一度も独居房《ホール》に行かず無事に過ごしてこれたということのほうが不思議であった。

〈これでやっとオレもアメリカの並のプリズナーになれたということかな〉

吉村はつい苦笑したものだ。

アメリカ・プリズンの取調べ、懲罰というシステムも、日本刑務所とあまり変わりなかった。独房は受刑者との接触を禁じられ、住みづらさも同様であったが、一日一時間の運動、二日に一度のシャワー、週に一度の電話、週五日の面会は変わらず、便箋等に規定はあったものの書信も受信できた。本も読めたし、取調べ中にラジオさえ入ることを思えば、日本刑務所の比ではなかった。

だが、部屋から一歩出たときの締めつけはきわめてハードで厳重そのもの、異常ともいえるものだった。それだけそこは狂人・変人が多く、吉村たちの隠語で言えば、フーテン・ヤクネタの巣窟であり、危険このうえないことを意味していた。

彼らはポリスであろうとプリズナーであろうと、敵対する者には問答無用で飛びかかってくる輩であった。なんとも油断も隙もない場所だった。

そのため、ここでのプリズナーは全員が、運動やシャワー、面会などで部屋から外へ出るときは、食器孔《こう》より後ろ手を出し、手錠をされたままの歩行となった。部屋に帰れば、食器孔にて手錠を外してもらうのだ。

つまり、部屋より外での手の自由はなく、歩行も必ずポリス付きであった。そうしなければならないほど、独居房のある舎房棟《ユニット》では過去にどれだけ厄介な事件が起きていたかを物語っていた。

そのうえ、取調べといっても、一カ月間何もなく放っておかれることもままあった。

吉村の場合がまさにそうだった。

「ふざけやがって！　何の取調べもしないでこんなところに缶詰めにしやがって、何が取調べだ！」

吉村の我慢もそろそろピークに達しかけたころ、例によってそれを阿吽《あうん》の呼吸で察して動いたのが、妻の美代子であった。

美代子はすぐさまコロラドの日本領事館に飛びこんで、苦情を訴えたのだ。

それを受けて、二人の領事が、コロラド・プリズンを訪ねてきて、特別面会で吉村に会った。

二人は吉村から事の経過や内容等のくわしいことを聴取した後、所内の幹事と面談し、その不当性を訴えた。

そこで官も一連の騒動を再調査し、吉村に対しても取調べを行なったのだが、その結果、吉村は何ら罪なしとして罰則を科せられなかった。

吉村の逸物に埋められた十一個の真珠の玉も、ダイヤやエメラルドにあらず、すべてコピーであることが判明したのだった。

ただし、吉村はこの騒動によって、米政府筋の人間と面談し、インタビューを受けるハメになった。彼らは吉村のジュニアに埋めこまれたガラス玉や、歯ブラシの柄で作った玉が不思議でならなかったのだ。

「ジャパニーズ・ヤクザは、どうしてこんな真珠と称するコピーを男のシンボルに入れるんだい？」

政府筋の者の質問に、吉村の答えは、ふるっていたというより、人を食っていた。

「これは宗教上のことなんです。舎利って知ってますか。舎利、つまり遺骨を男のシンボルに埋めるという、文字通り象徴的な意味あいがあって、純然たる宗教上の風習なんですよ」

とっさに口を突いて出たデマカセであった。

「――ほお！」

政府筋の人間は、目を丸くして吉村の話を聞いている。

「自分たちの宗教上の問題に、ガバメントが口を出すことではないと思いますが……。まして、男の一番大事なところをレントゲンで撮るなんて、失礼にも程がある。訴えますよ」

吉村のハッタリに、

「オー、ソーリー！」

政府筋の錚々《そうそう》たる人物が、詫びを入れる始末だった。

処分無しと決まった以上、いつまでも吉村を独居房《ホール》に留め置くことはできず、かといって、まだ騒ぎが完全に収まっていないユニットに帰すわけにもいかない――となれば、どうすればいいのか、官は思案したのであろう。

そこで下した決定が、ほとぼりが冷めるまでひとまずどこかへ移そうということであったのだ。いわば緊急避難である。

それが証拠に、吉村の私物や所持品はコロラド・プリズンに預けられたままで、いずれ帰ってくることを前提にした移送となった。

第四章　ミズーリ・プリズンで見た病理

仮住まいの不気味さ

吉村の移送先は、コロラドより二つ東隣の州であるミズーリ州のスプリングフィールドにあるミズーリ・プリズンであった。

コロラド同様、中級の管理体制であるのは、三重フェンス、運動場や広いスペースの野外に張りめぐらされたワイヤーロープを見ても明らかだった。

吉村はミズーリ・プリズンに移って二週間経って落ち着いたころ、川口和秀が塾長をつとめ、大場知子が編集する日本の『獄同塾通信』に、こんな投稿をしている。

《此処へ来て二週間目となりますが、不自由なく過ごせております。日本流に云います人情がアメリカにもそれなりにありまして、必ず知り合いが情報を送り届けてくれております。「そちらにヨシと云う者が行くので、宜しく頼む」とかの伝達が一報されて居《お》ります。その反対もある訳でありますが……ヘタを打ってなければ歓迎致してくれます。

私は躰一つで来ましたもので、その新しい友人や知人に大助かりにて接して頂いております。

このミズーリでありますが、広い平野地であります。

此処《ここ》スプリングフィールドより先に有名なセントルイスがあります。トルネード（竜巻）の名所であり、風を受けやすい平野であります。先日も竜巻の大きい被害があり、あちこちで竜巻が起きております。それ以外は至って緑の多い所であり、住み良い所でもあります。海はありませんが、気候的に日本の東北と云ったところではと思います。

此処にあとどれ位留まるや知れませんが、獄通の皆様を思い忍び励ましとして頂き頑張りたいと思っております》

と、投稿にもあるように、ミズーリ・プリズンは吉村にとってあくまで仮住まいであった。いずれコロラドへ戻るのである。だが、ミズーリ・プリズンで一カ月、二カ月と過ごすうちに、吉村はすっかりそこが気に入ってしまった。

ミズーリ・プリズンはメディカル（医療）プリズンとして知られ、三分の二がメディカル病棟となっていた。約二千人のプリズナーのうち、およそ一千三百人が何らかの病人か、あるいは怪我人や負傷者という勘定になった。

このミズーリ・プリズンが不気味だったのは、メディカル病棟とは別に、吉村たち一般プリズナーの入るユニットがあり、さらにもう一つ、別棟ユニットがあったことだ。

そこにいる者たちは別格扱いで、一般房や病舎の者とはアクティヴィティー（活動・行動）も食堂も別、他のプリズナーとは顔をあわせることさえなかった。

あるとき、何も知らない吉村が、仲良くなった白人プリズナーに、

「あそこのユニットは何なんだい？　あの連中は何者なんだ？」

と訊いてみると、その銀行強盗ギャングの悪党は、大仰に顔をしかめ、

「オー、ノー！　ヤツらのことはここじゃタブーだ。最も危ない連中なんだ。興味を持たないほうがいいぜ。ほら、日本の諺にもあるだろ。触らぬ神に祟《たた》りなし、って」

自分のことをタナにあげて、シャレたことを言った。

そのユニットには一般市民を震えあがらせるような猟奇事件を起こした変質者、はたまた奇人・変人の部類に入る御仁たちが棲んでおり、要するに大変に危ない人たちの館なのだという。

〈おいおい、危ない連中っていやあ、この一般房や病舎の中にもゴロゴロいるだろ。それより危ないっていうのかい……なんてえところだ！〉

吉村は思わずゾッとした。

吉村がそう思うのも無理はなく、そうした危ない連中が隔離されているにも拘《かか》わらず、ホ

ールはつねに満杯というのだから何をかいわんや。まして病人同士で喧嘩もないだろうと考えるのは、アメリカ・プリズンの実態を知らない人間だけで、トラブルが絶えないのが実状だった。

そしてしばらく暮らすうちに、病棟にはアメリカ暗黒街の大物が収容されていることも、吉村にはわかってきた。

その筆頭が、ニューヨークのイタリアン・マフィアで、五大ファミリーといわれるガンビーノ一家のボスのジョン・ガリであった。テレビや雑誌でよく取りあげられ、映画化もされ、『ライフ』誌の表紙を飾ったことでも知られる彼は、アメリカ暗黒街屈指の大スターであった。

三、四年前、アメリカのテレビニュースで流れた裁判中のガリは元気そのものだったが、服役してすぐに癌を患い、ミズーリ・メディカルプリズンに移送されてきたのだった。

そのため、巷間《こうかん》ではまことしやかに、

「政府に発癌物質を一服盛られたのではないか」

との噂が伝えられていた。

ジョン・ガリの娘が、国を相手に訴訟を起こしていたのも、そうした噂と無縁の内容ではなかった。

吉村自身、その噂に関しては、自分の事件を通してアメリカの怖さを知っていただけに、
〈大いにあり得ることだな。国民はライフ誌にも登場したアウトロー界の住人の大物ボスに対し、お祭り感情でファン意識を持って喜ぶが、そうした事態を政府が何よりも嫌うのは、どこの国も同じだろうからなあ……〉
との感想を持った。
結構ミーハーな吉村は、何度かガリのいる病棟へ、その姿を見物しにも赴いた。テレビで観た貫禄たっぷりのガッシリとした体格は、もはや見る影もなく、そこにはかなり痩せこけたガリの姿があった。

仮住まいのはずが……


仮住まいのミズーリからコロラド・プリズンへ戻されるため、オクラホマで待機していた吉村が、出発の朝、ポリスから言い渡された移送先を聞いて、

「……？」

思わずわが耳を疑ってしまった。夜中の三時に叩き起こされ、移送チェックを受け、移送用制服に着替えたあとのことだった。

「何て言ったんだ？　もう一回、言ってくれないか」

吉村の問いかけに、

「ユーはミズーリだ」

ポリスははっきり答えた。

「――ミズーリだって⁉」

てっきりコロラドに帰されるものとばかり思っていた吉村は、何やら狐につままれたような気がした。

が、すぐに、

〈ハハーン、どうやら女房にコロラドは嫌だって愚痴をこぼし、弁護士に訴えたりしてゴネたのが効を奏したようだな……〉

と思いあたり、うれしさがこみあげてきた。三カ月ほど仮住まいしてすっかり気に入ってしまったミズーリに戻れることが、何よりうれしかったのだ。

もう今度は預かりの身ではなく、新入りプリズナーとしての入所で、吉村は到着したその日のうちに新入り検査を受けた。とはいっても、日本の刑務所と違い、新入り教育とか分類といった面倒くさいことは一切なく、三十分で済む簡単なものだった。

吉村の舎房は広いドーム型ユニットで、ジャングルベッドの一つを割りあてられた。プリズナー歴七年ともなれば、ベッドメイキングも手慣れたものだった。

プリズナーである以上、当然配役《はいえき》があり、アメリカのプリズンはそうしたもろもろの指示はすべてアナウンスとコールアウトによってなされる決まりになっていた。プリズナーはそれによって動くのだ。

コールアウトは予定の一日前に掲示板に貼られ、プリズナーは必ずそれに目を通すことを義務づけられていた。見逃せば自己責任となり、呼び出しに応じなかったり、指示事項を忘れたりすると、ペナルティをとられた。

吉村もかつて二度ばかり見逃した経験があり、そのときの罰則は十時間の運動場掃除であった。そんな軽いものから、重い罰則となると、買物・電話・面会が一カ月間禁じられ、常習者は独居房《ホール》行きまであった。

このコールアウトの指示により、入所一週間後、吉村は洗濯工場への配役が決まったのだった。

吉村の仕事は、洗濯機と乾燥機にかけられ仕上がった服やらシーツやらの洗濯物を畳むだけのもので、一回二、三分で済む仕事だった。それも四十分に一回まわってくるだけの、仕事のうちにも入らないような代物であった。

なにせ、半日工場であったから、せいぜい三回から五回程度、合計しても正味十五分にも充たない仕事量なのだから、退屈極まりなかった。

それでも二十人ものプリズナーが、この専属の畳み屋として働いているのには、吉村も驚かされた。

ここにも変わった御仁は多かった。

ただでさえ仕事とは言えないような仕事なのに、彼らはまったく働こうとしなかった。工場へ来るなり机の上で寝てしまう者がいるかと思えば、何を考えているのやらただ虚空の一点を見つめ続ける者があり、工場内をやたらと歩きまわる者もいた。

彼らに限ってはポリスの注意もなく、一切お構いなしだった。

吉村がショックを受けたのは、彼らに対してではなかった。自分がこの工場に配役されたことに対してだった。

〈オレはなんちゅうところに配役されたんだろう？　ここは奇人・変人が配役される工場なのか？　オレも官からそんなふうに見られてるってことなんだろうか？〉

疑問を抱いた吉村は、あるとき、〝普通〟に近いと覚しき工場仲間に、

「おい、ヤツらはいったい何なんだ？」

と訊いてみた。

吉村より若い、そのスパニッシュ系のプリズナーは、

「ああ、ヤツらはみんな、これだよ」

と腕に注射器を打つ真似をした。

「まさか覚醒剤《シャブ》やヘロイン中毒ってか？」

「いや、鎮静剤だよ。矯正されて虎が羊にされてしまったわけだな」

「ハハーン」

吉村にもなんとなく思いあたるフシがあった。

聞くところによると、連中はいずれもかつては凶暴な狂人めいた行動にうって出る輩、日本でいうフーテン・ヤクネタの類の者ばかりであったという。

規則には従わず、ポリスへの反抗は当たり前、機会があらばポリスを襲い、危害を加えようとするような実に危ない連中であった。

その手の輩がどこもかしこもアメリカ・プリズンにはなんと多いことか。映画や小説の世界だけの話と思っていた吉村には、現実の彼らの行状を見たり聞いたりするたびに、唖然とするしかなかった。

鎮静剤の恐怖

そういえば、コロラド時代、最後にホールに入れられたとき、そこで目のあたりにしたことがあった。

その者は白人であったが、何をするにも反抗的でポリスの指示には従わず、終いには部屋に立てこもり、大声でわめき、壁や扉を叩き、蹴り続けた。

これにはポリスも強硬手段に出て、五、六人がマスクを被り盾を持ってスタンガンを手に突入した。

いくら凶暴な武闘派とはいえ、この武装部隊の敵ではなかった。哀れ、白人プリズナーはスタンガンを突きつけられて殴られ、鉛入りの靴で蹴とばされ、踏みつけられてお終いだった。

後ろ手錠を掛けられ、猿ぐつわをされ、芋虫の一丁あがりであった。

そのうえで日本でいう鎮静房に送られ、手足をベッドの革手錠に固定され、何もかも垂れ流し状態にさせられてしまうのだ。さらに何やらわけのわからない鎮静剤なるものを注射されることになる。

すると、いままであれほど騒いでいた凶暴男も、嘘みたいに静かになるのだった。

数日後、その白人プリズナーは独居房《ホール》に戻ってくるのだが、さすがに最初のうちは部屋にいてもボーッとした様子でおとなしかった。

が、しばらくすると、薬が切れるのか、またぞろ凶暴性丸出しのヤクネタに逆戻りし、同じような騒動を繰り返すのだ。

再び武装ポリス隊が出動し、男はたちまち組み伏せられ、鎮静房に縛りつけられたうえで薬を射《う》たれることになる。白い洋獣はグッタリとなって身動きもできない。

やがてホールに戻ってきた男は、以前とは打って変わって動きが緩慢となっており、何をやるにもスロー、まるで別人のようになっている。凶暴性はかけらもなくなり、驚くほど無口で人畜無害な存在になり変わっているのだ。

……吉村はコロラド時代のことを思い出していた。

〈要するに、洗濯工場のこいつらも、オレがコロラドのホールで目にした、あの危ない手合いと同じじってことだな。この連中も鎮静剤とやらで改造されたクチってわけだ〉

ポリスもそうした連中に対しては、仕事をしないで工場で寝ていようと何しようと放任していたが、普通のプリズナーがそれを真似ると、

「ユーはやっちゃいかん」

とすぐに注意した。

「なぜだよ!?」

不平を漏らすと、ポリスの答えは、

「そうか、おまえもヤツらと同じ舎房棟《ユニット》に入りたいんだな」

で終わりだった。

彼らの住まいは、ユニット・テンと呼ばれる特別舎房棟《ユニット》であった。そこでもフーテンぶりの軽度の者たちが、工場への出勤を許されているのだという。

彼らで軽度というのだから、他の者の奇人・変人ぶりは推して知るべしといえた。

ユニット・テンは吉村たち一般プリズナーが足を運ぶことのできない聖域であった。

そのスローな連中、仕事はほとんどしないくせに、こと食事や投薬の時間となると、話は別だった。

十一時の昼食時になると、彼らはラインのトップに並び、誰よりも早く食事を盛ってもらうし、一日三回の投薬ラインも同様のすばやさであった。

吉村も初めてその様子を見たときには呆れ返ったものだ。

「何だ、ありゃ!?」

「あれだよ、ヤツらは。あの投薬がクセになってしまってるんだ。薬物中毒のできあがりってヤツさ」

吉村に連中の実態を教えてくれたスパニッシュが、ウインクしてみせた。

これには吉村も笑って答えた。

「こりゃいい。こんな最高の連中とこんな最高の環境でおつとめできるなんて最高だよ。何から何までオレにピッタリだ。こいつは至って気楽に過ごせそうだなあ」

その洗濯工場への配役は、吉村のすぐ気に入るところとなったのだ。最重刑務所のロンポックを経て、七年に及ぶアメリカ・プリズンのキャリアが、吉村をすっかり何事にも動じないサムライ・プリズナーに変えていたのだった。

ミズーリのプリズナー仲間にしても、いずれもたくましかった。日本のヤクザ用語で言う〝ノウヅラ〟（鉄面皮）ぞろいで、呆れるほどタフな連中ばかりだった。

吉村がミズーリに来た当初、驚いたのは、いくらメディカルプリズンとはいえ、身体障害者のプリズナーがあまりにも多いという事実であった。

片腕がなかったり、義足を付けている者、あるいは車椅子の者の割合がよそのプリズンでは考えられないほど高かった。

吉村がプリズン内を歩くと、そこいら中からガシャガシャという義足の音が聞こえ、車椅子を走らせる姿を目にすることになった。

〈よくもまあ、こんな不自由な躰で、重度な犯罪を達者にするものだなあ〉

吉村はほとほと感心したものだが、それは大いなる勘違いというものだった。

何のことはない、事件前から身障者の身であった者など一人もなく、彼らはそろって自ら引き起こした事件によって負傷した連中なのだった。ポリスとの銃撃戦であったり、カーチェイス・トラブルによる負傷であった。

なかでも圧倒的に多いのはバンクラバー（銀行強盗）で、アメリカでは数十分に一回の割合で起きる犯罪とされ、ほとんどは銃撃戦になるという。

銃社会のアメリカでも、発砲時のルールはポリスに対しても厳しく、致命傷となる胸や腹を撃つのは、極力御法度とされた。

結果、命を失う者もいるのだが、多くは腕や足を撃たれ、義足や車椅子を必要とする生活を余儀なくされることになるのだった。

それでも彼らに暗さはみじんもなく、一様に能天気であり、落ちこむどころか、そろいもそろって、自分の腕や足をとられたことで、国を相手どり訴訟を起こしていた。

彼らは食堂や運動場で、

「おい、オレの足は一本が数万ドルになったぜ」

「へえ、そうかい、じゃあ、オレの失くした腕はいくらになるかな」

などといった性懲りもない話に花を咲かせ、情報を交換しあい、気勢をあげているのだから始末が悪かった。

重度の犯罪に手を染めた果てに身障者の身になったことを反省する者など一人もなく、反省するとしたら、

「次は絶対上手くやるんだがな」

と失敗したことの反省だけなのだ。まったく懲りない面々だった。挙句は、

「今度は義足の中に麻薬でも入れて運び屋でもやるか」

などという始末であった。

そのノウヅラぶり・タフさ加減には、能天気では人後に落ちないと自負する吉村も、シャッポを脱ぐしかなかった。

九・一一事件の衝撃

吉村がミズーリ・プリズンに正式移送されて二カ月と経たない二〇〇一年九月十一日、全世界を揺るがし、人々を震憾《しんかん》させる大事件がニューヨークで勃発した。

イスラム系テロリストグループによって行なわれた同時多発テロである。彼らにハイジャックされた航空機による自爆テロで、貿易センターのツインビルが倒壊するなど、前代未聞の衝撃的なテロ事件となり、多数の犠牲者を出したのだ。

その事件の余波は、プリズン内にも押し寄せてきた。全米のプリズンにおいて、イスラム教徒やイスラム主義過激派、テロリスト、爆破物の前科・前歴のある者たちは、その日のうちに有無をいわせず独居房《ホール》へ連行されてしまったのだ。

日本の刑務所でもヤクザ抗争が勃発すると、当事者の組関係者は安全対策上独居房に隔離

されることがあったが、かなり規模が違っていた。

それでもミズーリは比較的少なく、十人ほどのプリズナーが独居房入りしたに過ぎなかった。

吉村は事件を知ってすぐに思い出されたのが、カリフォルニア・ロンポックUSP時代に一緒だったレッドのことだった。

レッドは吉村が入所する一年前の一九九三年、今回と同じニューヨークの貿易センタービルを爆破しようとして逮捕された五人組テロリストの一人であった。

アラブ系で赤毛、ソバカス顔の彼は、ロンポックのプリズナー仲間から「レッド」の通称で呼ばれていたのだ。

〈レッドのヤツなんか、それこそ真っ先に独居房に送られたことだろうな。とてもテロリストとは思えない愛嬌のあるヤツだったんだがな……〉

吉村は懐しく思い出していた。

レッドはどういうわけか大の日本人びいきで、事あるごとに吉村に話しかけてきた。

「ヘイ、ヨシ、ユーたちジャパニーズ・ヤクザは、サムライの子孫なんだろ」

「まあな、ヤクザはいまでもサムライ・スピリットを手本にして生きてるんだ。ボスに忠誠を誓い、義のためなら死をも辞さない」

「オー、サムライ・スピリットっていうのは、セップク、ハラキリ、カミカゼのことだな」

「そうだ。己の身はどうなっても、義のために殉じるのが男。サムライもヤクザも男になるためなら笑って死ねるんだ」

「ワンダフル！　ベリーグッドだ！　オレたちはジャパニーズ・ヤクザを尊敬してる。オレたちが貿易センタービルを爆破しようとしたのも大義のため。サムライ・スピリットなんだ」

「………」

「ただ、あのときに使った火薬の量はたった六十キロ、あまりに少なかった。一トンだったら、いまごろは広い駐車場ができてたんだがなあ……」

レッドがいかにも残念そうに言ったのを、吉村はつい昨日のことのように印象深く覚えていた。

〈あれほどの要注意人物ともなれば、そう簡単には独居房から出てこれないだろうな……いや、それどころか、一服盛られて、あれ、レッドのヤツ、いつのまにかどこかへ消えてしまったぞ――なんてことにならなければいいが……〉

吉村はひとしきり思いを馳せ、いらぬ懸念まで湧きあがらせていた。

そうかと思うと、ミズーリ・プリズンにおいて、ポリス三人と看護師一人がＦＢＩの取調べを受け、収賄の容疑で逮捕されたのは、それから間もなくのことだった。

メディカル病棟に服役中のニューヨークのイタリアン・マフィアの大物ボス、ジョン・ガリのファミリーが賄賂をバラまいてポリスを懐柔し、かなりの便宜を図らせていたのだ。ジョン・ガリは携帯電話に始まり、食事は外食注文、テレビは大型画面でビデオまで自由自在、いろいろな物を所持していたようだった。

ちなみにポリスのリーダー格は、ガリのファミリーに家を買ってもらい、車はポルシェに乗っていたという。部下も一週間に千五百ドルほど手にしていたというから、いい小遣いになったのだ。

イタリアン・マフィアとの再会

ミズーリには、ジョン・ガリの他にも大物プリズナーは多かった。

イタリアン・マフィアとしてガリの先輩格にあたるディポマも、ニューヨーク暗黒街では有名な御仁であった。脱税による短期刑で服役中の身だったが、刑も終わりに近く、半年後には出所を控えていた。

この七十過ぎのディポマには、二年前からファミリーに紹介されたプリズナーが世話役として付いていた。

実はこの世話役がＦＢＩのアンダーカバー（スパイ）であった。

そうとは知らないディポマは、この世話役プリズナーを通じて、外のファミリーに何かと指令を出していた。

ある日、ディポマは世話役に、

「某を殺《や》れ――と伝えるんだ」

と命じた。某とはファミリーの一員で、先ごろ組織を裏切ったとの噂が流れていた。

「オーケー、ボス」

世話役は慇懃《いんぎん》に答えた。その実、

〈シメた！　これでこのオッさんもお終いだ！〉

という胸の内から湧きあがってくる笑いを噛み殺すのに必死になっていた。

ディポマの命令は、このアンダーカバーの躰に隠されていた盗聴録音機に、しっかりと録《と》られていたのだ。

間もなくしてディポマはポリスに連行され、起訴されて連邦裁判を受ける身となった。

「まあ、ディポマのジイさん、十年以上の判決が出るだろうな」

プリズナー仲間の話に、吉村は驚いた。

「あのジイさんの世話役がアンダーカバーだったたっていうのか。とんでもねえヤローだな。

アンビリーバブルだ」

吉村は、ディポマに甲斐甲斐《かいがい》しく仕えていた男を思い浮かべながら、憤りの声をあげていた。もとはといえば、自分もハワイでＦＢＩのアンダーカバーに嵌められてプリズンに落ちた身であっただけに、他人ごとではなかった。

「大物だから狙われたのさ。それにしても、あと半年で出られたのに、油断もあったんだろうな」

確かにディポマは、ニューヨークのイタリアン・マフィアのボスであるジョン・ガリが毎日の挨拶を欠かさないというほどの大物だった。

「御老体の身でこれからさらに十年以上のおつとめが増えるっていうのは、気が遠くなるような話だなあ」

吉村は心底気の毒がった。

「ヘタを打ったもんだよ。ヤキがまわったんだな」

若い白人プリズナーが、大先輩に対して容赦ない言葉を浴びせた。

ディポマに限らず、マフィアでそれなりの立場にある者なら、プリズンから司令塔として外のファミリーと何らかのコンタクトをとるというのは、日常的に行なわれていることだった。

彼らは電話がすべて盗聴されていることも知っていたし、プリズナーの誰が当局の手先かもわからなかったから、つねに用心を怠らなかった。

ドラッグの捜査のため、アンダーカバーがプリズンに入所し内偵を進めながら仲間に入り、半年も一年もかけて証拠をとっていくという方法も珍しいことではなかった。

そこでボスたちはプリズナーの前では事件や仕事のこと、あるいはファミリーのことなど大事な話は一切しなかった。それでも必要とされる話は、仲間内かファミリーだけで、広い運動場を歩きながら内緒話のような形でやるのがつねだった。

ディポマの一件以来、そのことはさらに徹底されるようになっていた。

そんなある日、吉村はミズーリ・プリズンで実に懐かしい友人と再会した。

「ヘイ、ヨシ！」

工場から帰房した吉村の背に声をかけてくる者があり、振り返ると、そこに満面の笑みを湛えた老人の姿があった。

「タァーコ！　オー・マイ・ゴッド！　どうしてここへ!?……」

吉村はびっくりして思わず身をのけぞらせた。

ここにいるべきはずもない人物が、まさに目の前に立っているのだ。ロンポック最重刑務所《ペニテンチアリー》で一緒だった有名なイタリアン・ファミリーの大物で、名をタァーコと言った。

彼をモデルにして『グッド・フェローズ』なるアメリカ映画も作られているほどで、タァーコ役に扮したのはロバート・デ・ニーロだった。

「ボディの検査にやってきたんだよ。四年ぶりかな、ヨシ、どうだい、元気だったかい？」

「ええ、お陰さんで。ミスター・タァーコもお元気そうで何よりです」

二人は熱い抱擁《ハグ》と握手を交わしあった。

「ヨシ、少し太ったんじゃないか」

「ロンポックを離れた当初は、ロンポック恋しさに身も細る思いをしてたんですけどね」

「そうだろ、そうだろ。ヨシがロンポックを去ったあとは、ワシらも寂しかったよ」

このタァーコ、すでに齢七十五歳、七〇年代の事件で捕まり、二百年の刑の判決を受け、もう三十年近く服役していたのだが、

「私は無罪《イノセント》だよ」

というのが、口癖であった。

ロンポックにいたころ、タァーコは「ヨシ、ヨシ」と何かと吉村をかわいがり、イタリアン・ファミリーのサロンにも招待し、メンバーを紹介してくれたものだった。

もう二度と会えまいと思っていたプリズナーと面会できたのも、ミズーリというメディカル・プリズン入所した賜《たま》ものといえた。

「ロンポックのファミリーたちは皆さんお元気にしてますか」

「ああ、ありがとう。皆、元気にやってるさ。相変わらずタフなヤローたちさ」

「で、ミスター・タァーコはいつまでここに？」

「うん、ボディの検査が終われば、またロンポックに戻されるだろ。それまでせいぜいヨシと一緒に楽しむことにするよ」

だが、別れは間もなくしてやってきた。

十人ほどのメンバーから成るイタリアン・ファミリーが、タァーコのためにお別れパーティを催し、吉村もその席に呼ばれた。

吉村はファミリーとともにグラウンドで野外食を味わい、みんなで写真を撮り、タァーコと別れを惜しんだ。

「孫が旅行好きでね。私はヨシの国に一度も行ったことがないけど、孫がもし日本に行ったら、私と思って頼むよ。大変に良い青年だし、ヨシも好きになってくれると思うよ。私はヨシとはもう会うこともないだろうから、孫で私を思い出してくれるとうれしいね。

ロンポックのファミリーにヨシの元気なことを伝えておくよ。きっと皆、喜ぶと思うよ。

グッドラック、ヨシ」

別れ際に、タァーコが言った言葉がいつまでも吉村の耳朶に残って、忘れられなかった。

親分の死

「——何だって!?」

吉村が面会に来た妻の美代子からその事実を知らされたのは、九・一一事件の興奮もさめやらぬ、二〇〇一年、日本式に言えば平成十三年初秋のことだった。

「親父が……」

吉村が信じられないという顔で、美代子の顔を見遣った。

美代子も沈痛な面持ちでうなずいた。

「そうか……」

吉村は絶句し、ガックリと肩を落とした。

吉村の親分である極東会会長代行をつとめる池田亨一が、日本時間の平成十三年九月十五日、都内の病院で肺癌のため死去したということを、美代子から知らされたのだった。吉村のショックは計り知れなかった。

二人の間を沈黙が支配する。美代子が心配そうに夫の様子を見守っている。

「だいぶ悪いとは聞いてたけど、まさかこんなに早く逝ってしまうとは……」

吉村の眸《ひとみ》がうるんできた。

「ええ、皆さんの話だと、池田会長は最後の最後まで、吉村はいつ帰ってくるんだって、気にしてたそうです」

美代子も涙ながらに答えた。

「…………」

吉村の肩が小刻みに震えだした。その目からボロボロと涙がこぼれ落ちていく。

「あなた、どうか気を落とさないで」

「バカヤロ、オレはいつか親父のもとに帰れるという、その思いを支えにしてここまでつとめてきたんじゃないか！」

悲痛な叫びにも似た胸の思いを、吉村は美代子に吐露した。

池田とともに過ごした日々が、吉村の脳裡《のうり》をフラッシュバックのように駆け巡っていく。

最後に電話で話したのは、二カ月ほど前のことだったろうか。

池田が検査入院するということを、側近から聞いていたので、吉村は心配になって、

「親父、大丈夫ですか。体にだけは気をつけてくださいよ」

と電話すると、池田はいつもの調子で、

「バカヤロ、おまえにだけは言われたくないよ。おまえは人のことより自分のことを考えてりゃいいんだ。いつ帰ってくるんだ。早く帰ってこい」

と返してきたので、

〈あっ、この調子なら大丈夫だ〉

と内心でホッとしたものだ。そこには口は悪いが愛情のこもった変わらぬ池田の姿があった。

池田は吉村にとって渡世の親という以上に、実の父親のような存在だった。

その池田のことを、

「あっ、親父、本当に体調が良くないんだなあ」

と実感したのは、一年半前の平成十二年三月に執り行なわれた池田の極東関口一家三浦三代目継承盃を報じた雑誌を開いたときのことだ。

そこに写っていた紋付袴姿の池田は、この道を志した男にとって最高の晴れ舞台であるにも拘わらず、別人のように面窶《おもやつ》れしていた。

その写真を見て、吉村はたまらない不安に襲われたが、それを封じこめ、三浦三代目継承を祝福する電話を掛けた。

「親父さん、三代目継承おめでとうございます」

「おお、光男か。ありがとう」

極東でも名門で知られる極東関口一家三浦の譜は三浦周一―松山眞一と続き、その名称を継承したということは、とりも直さず極東会の中核組織・眞誠会のトップリーダーに就任したということでもあった。

「けど、親父さん、健康にだけは充分留意してくださいよ。煙草は止めたんですか」

「うん、一日三本にしてるよ。それにしたって、光男、アメリカの刑務所じゃ、煙草もバンバンやれるそうじゃないか」

「親父、本当に煙草は止めてくださいよ。三浦三代目を継承して、二代目眞誠会体制を継いだ以上、親父はいよいよもう自分だけの躰じゃないんですから」

「わかった、わかった。おまえが帰ってくるまで死ぬことはできねえからな。ところで、いつ帰ってくるんだ、おまえ」

「はあ、いずれ帰れると……」

「おまえね、人のことより自分のこと心配してりゃいいんだよ」

結局はいつものようにそこに落ち着くのだった。

八年前、ハワイで嵌められ、囹圄の身となったときも、吉村は他の誰にもわかってもらえなくても、親分の池田亨一にだけは本当のことをわかってもらいたかった。池田だけは自分の身の潔白を信じてくれているものと、固く信じていた。

やがて裁判で不定期刑十一年三カ月から十四年八カ月という判決が降り、カリフォルニアのロンポック最重刑務所《ペニテンチアリー》へ送られたとき、吉村は池田に長い手紙を認めた。事のいきさつを縷々説明し、自分の正直な気持ちを飾ることなく打ちあけたのだ。

故郷・長州の勤皇の思想家・吉田松陰《よしだしょういん》が、打ち首となる刑場へと赴く際に作ったとされる、

《親思う心に勝る親心
　今日の訪れ何と聞くらん》

との歌を、自分の心境として認めた。

この吉村の手紙を池田がいかに喜んでいたか、あとで吉村に教えてくれる一統の者がいた。

「兄貴、池田会長に手紙書いたでしょ。あんなにうれしそうな池田会長の姿って、私はいままで見たことありませんよ」

東京・新宿の池田の直系の一門である桜成会の定例会の席上、池田はこの手紙を掲げ、

「光男から手紙が来たぞ！」

と言って、みんなに見せたという。

「あのバカが……」と言いつつも、目を真っ赤にさせていたというのだ。

〈まさに、親思う心に勝る親心——だなあ。ありがたいことだなあ〉

と、ついジンときたのも、昨日のことのように思いだされた。

その池田がもうこの世にいないと思うと、吉村はたまらない寂寥感《せきりょうかん》に襲われるのだった。

十八歳の自分との再会

吉村にとって、電話をかけたその相手は、本当に懐かしい昔の友人であった。

吉村がまだ東京に出てきたばかりの十八歳のころからのつきあいで、片やヤクザ渡世に入門したばかりの駆けだしとして、一方は流しの写真屋として歌舞伎町を駆けずりまわり、よく交錯しあった仲だった。

男の名は渡辺克巳《わたなべかつみ》といい、新宿を撮り続けるカメラマンとして、その世界では知られた存在であった。渡辺は吉村のことも十八歳の時分から写真を撮り続けてきた。

「おおナベか。ずいぶん久しぶりだなあ。相変わらず歌舞伎町を飛びまわって写真を撮ってるんだろうな」

「ええ、もう歳だから飛びまわることはできないけど、新宿からは離れられそうもないですね」

「もういまじゃカメラマンとしてたいしたもんだからな。ナベの写真はオレも雑誌で見てるよ。神戸の大震災のときのも見たよ。ナベの写真を見てると元気出るよ」

「光男さんもすっかり貫禄のある親分になって……」

「けど、いまはこのザマだよ。遠い異国の地の監獄にぶちこまれてる」

「新聞で知りました。大変だったですね。それにしても、こうやって自由に電話で話せるんだから、アメリカの刑務所は日本と大違いですね」

「これでもクリントンからブッシュ政権に代わって、何かと厳しくなったんだよ。電話もいままでフリーだったのが、一カ月三十時間に制限されるようになってな。電話魔のオレにはキツいよ」

「日本じゃ考えられませんね」

「うん、その代わり、日本の刑務所は身の安全を保障してくれる。こっちは大いに自由ではあっても、猛獣の檻の中に放りこまれたも一緒さ。危ないのがウヨウヨしてる。オレはもう十回以上、殺しの現場を目のあたりにしてるよ」

「げぇっ、すごいですね。でも、光男さん、昔から変わりませんね。どこへ行ってもたくましく輝いて生きてる」

「ノウヅラだからな。ところでオレに何か用事があって電話をくれってことじゃなかったのか」

「すいませんね。こちらから電話しなきゃならないところを……」

「いくらアメリカ・プリズンでも、外からプリズンに電話をかけることはできないよ。で、何だい？」

「今度、写真集を出すんですが、光男さんの例の十八歳のときの写真、表紙で使わせてください」

「ああ、いいよ。何でも使ってくれよ」

渡辺克巳の声を聞いているうちに、吉村は懐かしさのあまり、不覚にも涙が出そうになった。

それからしばらくして、吉村のもとにも渡辺の写真集『新宿１９６５―９７』が送られてきた。

表紙には、新宿の街灯にもたれ、ポケットに手を突っこんで精一杯突っ張ったポーズをとる十八歳の吉村の写真が使われていた。見るからに弾けそうな若さの横溢《おういつ》した記念すべき若き日の姿であった。

「ひょう、こいつは懐かしいな！」

吉村は照れながらも歓声をあげた。自分でも気に入っている写真だった。

その写真集には、『光男さん』と題する渡辺のこんな一文も掲載されていた。

《……光男さんたちが新宿に現れた昭和43年頃になると、舞台裏の人たちには僕の存在が知れ渡っていたので、どんな格好をしていても、光男さんは必ず写真を撮らせてくれた。彼は写真大好き人間だった。

お互いに忙しく飛び回っているくせによくめぐり逢った。

18の少年時代の笑顔は印象深く、金を払おうが払うまいがとにかくよく撮った。

僕の方が写真屋では食えなくなって焼き芋屋のリヤカーを引いているとき、光男さんもトラックの運転手をしていたときがあり、運転席の窓を開け、

「ナベもがんばるな」

「どうしたんですか？」

「うん、ちょっと都合の悪い事があってよ、しばらく運転手だよ。またな」

次に逢ったとき、僕は雑誌のカメラマンとして撮らせてもらった。

「どんどん撮れ。何でも撮れ」

と言ってくれるようになったときには、もう光男さんには美少年の面影はなく、貫禄のある兄貴分になっていた》

吉村はつくづく新宿が恋しかった。

終章　十一年目の帰国

思わぬクリスマスプレゼント

アメリカ・プリズンで十度目となる、二〇〇二年のクリスマスを迎えようとしていた矢先、吉村は面会に来た妻の美代子から思わぬ朗報をもたらされた。

それは吉村の出所がそう遠くないことを知らせるもので、またとないクリスマスプレゼントであった。

「真壁《まかべ》さんの話だと、ひょっとしたら来年、日本へ帰れるんじゃないかっていうことでした」

「そいつは本当か」

妻の話に、吉村はパッと顔を輝かせた。

真壁というのは駐米コロラドの日本領事のことで、吉村がコロラドからミズーリへ移送されるときに相談に乗ってもらって以来、吉村夫妻とは家族ぐるみのつきあいをするほど親しくなっていた。

「で、いつなんだい？」

「それはわかりませんが、そんなに先のことじゃないだろうって話でした」

「そうか、真壁さんが言うんだったら確かだな。日本へ帰れるってことがいよいよ現実になってきたんだな。オレはまだ三年くらい先だろうって思ってたんだが……」

吉村はうれしかった。ハワイで逮捕、起訴され、一審の裁判で仮釈無しの十一年三カ月～十四年八カ月という不定期刑の判決を受けて十年の歳月が過ぎ、数えれば十一年目に突入しようとしていた。

それでも当初言われていた四十八年～終身刑に比べれば、天と地ほどの差があったが、陥れられた身の吉村にすれば、その刑は納得のいかないことだらけだった。

が、いまとなってはそれも遠い日の出来事のように思えてきた。

「アッという間だったような気がするなあ。同じ日本人のアンダーカバー（スパイ）に嵌められ、すっかり人間不信に陥って、オレはもうお終いだって絶望したこともあったけど、よくここまで来たよ。けど、まだオレには信じられない。いろんな目に遭ってきたし、何があるかわからないのがこのアメリカって国だからな」

「ええ、でも今度こそ信じて大丈夫だと思います。きっと帰れます」

美代子が断言した。いつどんな逆境に陥ろうと、弱音を吐いたり、悲観的なことを何一つ言ったことのない女が美代子だった。

「うん、信じるよ」

思えば、その予兆らしきことがあったのは三カ月ほど前のことだった。吉村たち外国プリズナーに対して、イミグレーション（入国管理局）から、近日中に調査分析を行ない、強制送還に該当する者があればそれを断行する——との通知が届いたのだ。アメリカの市民権もグリーンカードも持っていない吉村は、まさにその該当者であった。つまり、国外追放によりプリズンから出され、日本に帰国できるということを意味した。

とはいえ、その時点で吉村にはどういうことなのかわからなかったので、美代子を通してミズーリの日本領事に聞いてみると、

「いいえ、こちらではそういうことは何も聞いてません」

の一点張りで、アメリカ流の秘密主義を墨守していた。

そこで親しくしているコロラドの真壁領事に聞いてみると、

「うーん、それは近日中に日本へ強制送還されるかも知れないということですよ」

「え、でも、まだ刑は残ってるよ」

「いや、イミグレーションと刑法は違いますから」

「じゃあ、私は日本へ帰れるんですか？」

「そうですね。だいたい刑期の三分の二くらいつとめてる人は該当するんですよ。だから、吉村さんも即刻国外追放ということになるんじゃないですか」

「要するにアメリカからすれば、オレはもう利用価値なし、用済みだってことですね。無駄メシを食わしておけないってことかな」

「そういうことになりますね」

「ふーむ、何にせよ、うれしいですよ」

「期待していいんじゃないですか」

そういう前兆があっただけに、吉村も美代子からの知らせに、ほぼ間違いないとの確信を抱くことができたのだった。

「そりゃずいぶんビッグなクリスマスプレゼントだな。プリズン服役十周年記念のお祝いってヤツかな。夢じゃないのか。頬っぺたつねってみようか」

吉村はうれしくて、つい美代子に軽口を叩いた。

「あなた、長い間、御苦労様でした……」

美代子が万感こもごもの思いを口にした。

「それを言うのはまだ早いだろ。出るまでわからんからな、この国は。けど、おまえには本当に苦労をかけたな。オレはおまえがいてくれたから、この異郷の地の十年を耐えることができたんだよ」

吉村が珍しくしんみりとした口調になった。

そんな吉村にとって、二〇〇三年の年明けがいつもと違う特別な新年になったのはいうまでもない。

吉村はその思いを、日本の獄中同人誌である『獄同塾通信』にこう投稿している。

《私もまずは、この迎春にて心一新であります。人は春の訪れと温もりに心も浮かれると申しますが、私においては、真にこの今、その通りの心境であります。

獄同の皆様、点検・点呼のない社会に帰ります事をお知らせ致します。

この投稿が発行される頃は、すでに日本に上陸していると思われます。

十年の拘束は長期の部類に入るのでしょうが、なぜか長いと感じたり思うゆとりさえない間に通り過ぎて行った気が致します。

それ程、アメリカプリズンは時間さえ感じさせないインタレスティングな毎日であったと云う事でしょうか……。

それ以上に、この獄パ（注・『獄同塾通信』の謳《うた》い文句である「獄同者が笑って読める投稿パンフ通信」の略）の出逢いと皆様に御縁を頂いたことにより数多くの励まし、支えを頂けたことが何よりもの張りとなっております。心より感謝致します。
人間はどんな立場でどのような所にあっても人様の心に触れ、温かい心を頂けるんですネ。このような拘束の身にあっても捨てたものではありません。
いや、このような身にあるからこそ、より人様の温情を大きく感じ得るのかも知れません。多くある自由の中では通り過ぎて行ってしまったかも知れない触れあいが……》
『獄同塾通信』の定期投稿者であった吉村にとって、この投稿がアメリカからの最終便となったのだった。

保安官護衛付きの強制送還

一月十九日、吉村に、いよいよ待ちに待った入国管理局からの呼び出しがかかった。

ミズーリ内の特別施設へ移送され、同局の特別審査官の審査を受け、身体経歴すべてを記録されるのである。それこそDNAを調べるため髪の毛、血液から眼紋、耳の形まであらゆる角度からのチェックを受け、細かく検査されるのだ。

それが終われば、強制送還により国外追放ということで、待望久しい帰国の運びとなるわけで、吉村の胸は高鳴った。

検査を終えたあと、吉村はつい堪えきれず、

「いつ帰れるんだい？」

と入国管理局の者に訊ねた。

「それは教えられない」

と型通りの答えが返ってきたが、いずれにせよ数日後であるのは間違いなかった。

吉村は入国管理局の特別施設から、美代子に電話を掛けた。

「今日、イミグレーションの審査を受けるため移送された。春ごろかと思っていたんだが、あんまり急なんでびっくりしたよ。いよいよだな。帰れる日は教えてくれないが、もう近いぞ」

吉村の声がいままでになく弾んでいたのも無理なかった。

その日、吉村は入管の検査が済むと施設から車で一時間ほど走ったところにある州立刑務所へ収監された。翌日、再び入国管理局の審査を受けるため、吉村は同じ施設へ連れていかれた。

だいたいの審査は昨日で済んでおり、この日は簡単なものだった。

すべて済んだあとで紹介されたのが、吉村を日本まで護衛するという二人の保安官（マーシャル）であった。

二人を見て、吉村は思わずタイムスリップしたのかと目を疑わずにはいられなかった。

四十代と覚しき二人のいでたちは、子どものころにテレビや映画で観た保安官の格好そのままであったからだ。カウボーイハットを被り、胸には保安官バッジを光らせ、腰には拳銃をぶらさげているのだ。

それにしても帰国にあたって、保安官の護衛付きというのは、強制送還される特別犯罪者でも稀《まれ》であった。いかにアメリカから吉村が大物扱いされたか窺えよう。

あとで心安くなったとき、吉村がその護衛のマーシャルから聞いた話によれば、

「オレたちは過去、ヨーロッパ、南米、ロシア、オーストラリア、香港の大物を送ったことはあるが、日本人ではヨシが初めてだよ」

「どうしてオレなんだろ？」

「ヤクザのボスで大物だからだよ」

「ヒョー!?」これには吉村も面映《おもはゆ》くなるとともに呆れるしかなかった。

二人の保安官は初対面のときからフレンドリーで、なかなかの好人物だった。

「へイ、ヨシ、よろしく頼むよ」

「こちらこそ」

「ところで、ヨシ、日本へ着ていく服はあるのかい？　明日までに着替え用意しといたほうがいいよ」

これには吉村もピンときた。

〈ああ、明日なんだ。オレは明日、日本へ帰れるんだ！〉

吉村は天にも昇る心地がした。

「着替え？　いまから女房に電話して用意させることはできるけど、もう今日明日の面会は無理だ」

「オーケー、じゃあ、今晩、奥さんが私のオフィスに持ってくればいい。オフィスは閉まってるけど、オフィスの前にトラックが駐《と》まってるから、荷台に置いといてくれたらいいよ。私が明日、それをヨシに持っていくから」

保安官は実にさばけた、いい男だった。

吉村は保安官から彼らのオフィスの住所を聞くと、美代子にその旨の電話を入れた。

明日帰れると知って、さすがに美代子もうれしそうだった。

だが、明日とはわかっても、それ以外のことは皆目わからなかった。ミズーリから最も近い国際空港となると、シカゴかテキサスということになるのだが、そのどちらから成田空港へ向かうのか、明日の何便になるのか、知ることはできず、もとより日本領事も教えてはくれなかった。

そこで美代子は吉村よりひと足先に帰国して、成田空港で吉村を出迎える計画を立てた。

その日のうちに飛行機に乗り、日本へ帰ることにしたのだ。

美代子はマーシャルオフィスに吉村の着替えを届けるや、その足でミズーリの空港に赴き、テキサスまわりの空路で帰国しようとした。が、結局、その日の最終便に間にあわず、仕方なく近くのホテルに泊まるハメになった。

さらばアメリカ

吉村はその夜、明日は十一年ぶりに日本に帰れると思うと、気持ちが高ぶって一睡もできなかった。

日本へ帰ったら、まず何しよう？ そうだな、あれもしたいし、これもやりたい。いや、当分はのんびりしよう。焦ってもはじまらない。会いたい人間もいっぱいいるなあ。彼はどうしてるだろうか、あの男はオレのこと、まだ忘れずにいてくれるかな……。

そんなことをあれこれ考えているうちに、いつのまにか朝となっていた。朝食前の四時ごろ、刑務官が迎えに来て、吉村はオフィスに連れていかれた。間もなくすると、

「グッド・モーニング」

件《くだん》の保安官二人も姿を現わし、真っ先に吉村に、

「ヨシ、ユーのワイフからだ」

と手渡したのは、着替えの洋服だった。

囚人服を脱ぎ、美代子が用意してくれたジーンズや赤い縞柄《しま》のシャツ、ジャンパーに着替えたとき、ようやく吉村にも、プリズンから解放されるのだという実感が湧いてきた。

まだ手錠をしたままだったが、迎えにきた保安官のバンに乗り、州立刑務所を出るとき、吉村はなんともいえない感慨に襲われた。

〈さらばアメリカ・プリズン。かけがえのないオレの十年……〉

吉村と保安官の一行三人がミズーリ・エアポートに到着したのは、冬の朝まだ暗く夜が明ける直前だった。

保安官とともに空港ロビーに入った吉村は、妻と似た女性の後ろ姿をすぐに目にすることになった。

〈まさかなあ〉と思って目を凝らすと、どう見ても美代子だった。

「おい」と吉村が後ろから声をかけると、振り返った美代子もびっくりした顔になった。

何のことはない、彼女が乗ろうとしていた飛行機も、ミズーリからテキサス国際空港を経由して成田空港へ向かうもので、偶然にも吉村とまったく同じ便だった。

「昨夜《ゆうべ》発つつもりが乗り遅れてしまって……」

「へえ、じゃあ、怪我の功名だ」

夫婦はそんな言葉を交わしあった。

ミズーリからテキサスまでの一時間半の空の旅こそ二人の座席は別々にはなったが、テキサスに着くと、保安官は気を利かせてくれた。吉村の手錠を外してくれたうえに、機内の別席に吉村夫人が同乗していることを知っていたので、

「奥さんと一緒にすわっていいよ」

と二人のために隣同士の座席を確保してくれたのだ。

日本の警察機構の役人とは大違いで、垢抜《あかぬ》けた粋な男たちだった。すでにミズーリからテキサスへ来るまでの間、いろいろと話も弾んで、吉村と二人のマーシャルとはわずかな時間で仲良くなっていたのだ。

「ヨシのお陰で初めて日本へ行けるよ。二泊三日だけどね。成田の近くにはソープランドと旨いヤキソバがあるそうじゃないか」

彼らはなかなかの日本通であった。

「スキヤキは高いけど、ヤキソバは安いって聞いてるが、ヨシ、本当かい？」

「ああ、その通りだよ」

「ソープランドはハウマッチ？」

「三百ドルくらいかな」

「オー、ノー！　冗談だろ」

保安官はあまりの高さに驚き、ガックリしている様子だった。

「アメリカの女はいくらなんだい？」

逆に吉村が訊くと、

「ホッカー（立ちんぼ）で三十ドルから五十ドルだぜ」

と言い、二人で、

「じゃあ、ヤキソバだけ食べて帰ろうか」

と話しているのを聞いて、吉村もおかしいやら気の毒に思うやらで、彼らのことがすっかり好きになっていた。

さて、そんなカウボーイスタイルの保安官の粋な計らいで、隣あわせの席が許された吉村夫妻、さっそく二人だけの祝杯をあげた。

「お疲れさまでした」

「乾杯！」

吉村にとって十一年ぶりに飲む日本のビールであった。

「プファー、旨い！」

一気に飲み乾すビールは格別だった。

何杯お代わりしても、不思議に酔わなかった。

「おかしいな。昨夜は一睡もしてないし、十一年ぶりに飲むビールなのに、いくらガンガン飲んでもちっとも酔わないよ。興奮してるせいかな」

「きっとそうですよ」

夫婦の間に積もる話があるはずなのに、あまりに話すことがありすぎて、かえって言葉少なになった。

吉村にすれば、それは五十三年生きてきたなかで、最良の旅であった。こんなに快適な旅もなかった。

ウィスキーの水割りも舌先にこのうえなく甘く感じられた。

「生還の甘き香り――ってヤツだな」

「えっ？」

「いや、オレは歌舞伎町のネオンのきらめきを夢にまで見てたからなあ」

「ずっとあの中で生きてきたんですもんね。第二の故郷みたいなもんでしょ」

「ああ、あの街が恋しくて懐かしくてたまらなかったよ」

テキサスから成田までのフライト十二時間も、吉村には瞬く間に過ぎた。

平成十五年一月二十二日午後四時過ぎ、テキサスからのジャンボ機は成田空港に到着したのだった。

　吉村は十一年ぶりの日本に降り立った。

　空港の匂いからしてアメリカとはまるで違っていた。それは懐かしい匂いであった。母のもとへ帰ってきたような、なんともいえない安心感があった。

「ヨシ、いよいよお別れだな」

　二人の保安官が吉村に名残り惜しそうに言い、特別書類を差しだすと、

「ヨシ、これにサインと押捺《おうなつ》をしてくれ」

と求めた。まだ空港内のゲートを出る前だった。

　それを済ますと、

「グッドラック」

　二人は吉村夫妻とにこやかに握手をして別れた。

　ゲートを出た吉村の目に真っ先に飛びこんできたのは、吉村を迎えにきた福田一秀、八谷吉光という極新会の幹部二人だった。

「組長！」

　福田は喜色満面で両手を大きく振り、昔からの吉村の若い衆・八谷も泣き笑いのような顔になっている。

「組長！」

「お疲れでした！」

二人は吉村を目ざとく見つけ、人目もはばからず大声をあげながら駆け寄ってくる。

「——おまえら……来てくれたのか……」

吉村は心からの笑みを浮かべると、

〈帰ってきた！　オレはとうとう帰ってきたんだ！〉

思いきり胸中で叫んでいた。

あとがき

一九九三年四月一日、ハワイ・ホノルル。ひとりの日本人ヤクザ、吉村光男氏が麻薬密輸などの容疑でＦＢＩに逮捕された。それがいかに無茶苦茶な囮捜査であり、不当逮捕であったか、事実を知れば知るほど慄然《りつぜん》とせざるを得ない。

では、なぜそのようなことが起きたのか。

吉村氏の逮捕直前、当時のＦＢＩのセッションズ長官は上院公聴会で、

「日本の暴力団はハワイにおける覚醒剤などの麻薬取引の九〇％を支配している」

と報告証言した。その背景には、合衆国本土で主流となっているコカインを扱うコカインカルテルとアジアのヘロイン・覚醒剤などを扱う組織との取引き中継地がハワイであるという憶測があった。セッションズ長官は、

「そのすべてのシンジケートに資金提供するなど、日本の暴力団が何らかの形で介在していることは間違いがない」

として、ＦＢＩ大捜査網が近い将来に何らかの結果を出すことを約束して締め括ったのだ。

加えて、当時のハワイでは、アメリカの犯罪組織と連携した日本ヤクザが、不動産や観光施設、旅行会社、不動産会社などを買収している実態があるとの報告がなされていた。ハワイの有名な教会が日本企業に五十八億円で買収されそうになって、反対運動が起き、売買が中止になったのも、その企業が日本のヤクザのフロントであったことが判明したためという騒動もあったという。

そうした状況下、FBIは面子《メンツ》にかけても日本の大物ヤクザの生贄《スケープゴート》、見せしめが必要であった。そのターゲットにされたのが吉村氏だったのだ。

そのためのお膳立ては、FBIの民間協力者《アンダーカバー》に仕立てあげた吉村氏周辺の半グレ（カタギともヤクザともつかぬ人物）を使って、一年前からなされていた。

FBIはまた、その八年前、山口組ハワイ事件といわれるDEA（米連邦麻薬取締局）の囮捜査で失敗したケースの教訓も忘れていなかったようだ。あの事件が無罪になったのは、麻薬の現物をハワイで用意できなかったことにあった。

そのため、今回はまず本人の前に、アンダーカバーに用意させた三キロもの覚醒剤をドーンと積むことから始めたのだった

吉村氏はまさに「飛んで火にいる夏の虫」よろしく、見事に引っかかり、当初は四十八年の刑という途方もない刑が科せられることが確実だった。

普通ならいかに胆力のあるヤクザとはいえ、この時点でもはやお終いであろう。事実、関係者ばかりか、本人さえ、そう思ったという。希望の見出せない果てしなき絶望感、ましてやってもいない冤罪なのだ。

裁判闘争で四十八年から終身刑《ライフ》ともいわれていたのを十一年から十四年という不定期刑に縮めたものの、吉村氏が送られた先は、どんな凶悪犯でも怖気づくとされる合衆国連邦最重刑務所《ペニテンチアリー》であった。凶悪殺人犯や各国マフィアなど大物犯罪者が勢ぞろいし、獄中殺人など日常茶飯事という最も恐ろしい刑務所だった。これまた吉村氏に対するアメリカの嫌がらせ、見せしめに違いなかった。

だが、吉村氏という際立った個性は、どんな最悪の状況に置かれても、これをものともせず、持ち前の陽気さを失わず、タフでしたたか、つねに前向きのプラス思考の持ち主であったことだ。

ペニテンチアリーという、これ以上ない逆境のなかでこそ、氏のそうした本領がいかんなく発揮されることになるのだった。救いのない絶望の果てに追いつめられ、精神的にも肉体的にも潰されても不思議のない世界で、むしろ、その状況を思う存分エンジョイしてしまうところに吉村氏の真骨頂があり、痛快このうえない獄中ドラマが生まれるゆえんがあったのだ。

これは凶獣の棲む檻を任俠プリズンに変えてしまった男の喪失と再生の物語であろう。

＊本作品は『実話時報』二〇〇六年九月号から〇八年六月号まで連載されました。

解説――刑務所人生もまた楽しきかな

植垣康博

「刑務所人生もまた楽しきかな」と言うと、はなはだ誤解を招きかねない。たいていの人は、反対に刑務所に「楽しい人生」なんてあるものかと思うであろう。だいたい罪を犯した者に「楽しい人生」があってたまるか、より厳しい人生を強いて辛《つら》い思いをさせるべきだというのが本当のところであろう。むろん、日本の刑務所の現実は、まさにその世界である。獄外の自由さに較《くら》べれば、獄中の不自由さはやりきれないばかりか、屈辱的な思いにさせられ、時には恐怖心さえ抱かされる。およそ、更生施設とはほど遠いのが実情である。

しかし、そうした世界におとしこめられればられるほど、それに敗《ま》けてしまうことなく、より人間的に生き抜くことが問われることになる。そして、それに応えていくことが少しでも出来た時、その人はより大きな人間として成長し、時にはその世界に入ることになる前よりもはるかに広い世界を持つことが出来るようになる。

古今東西、そうして過酷な世界を乗り切って生還して来た人達の記録が、いわば歴史の外伝として語られ、残されてきている。

山平重樹氏のアウトロー・ノンフィクション、『連邦刑務所《プリズン》から生還した男』は、まさにそうした事例の典型であろう。

ここに描かれている吉村光男氏は、FBIの囮《おとり》捜査によって逮捕され、有罪判決を受け、連邦刑務所に下獄させられたわけであるが、その後の吉村氏の歩みは、彼の人間性の素晴らしさとともに、アメリカという国の特徴を極めて凝縮された形で明らかにしてくれている。

たしかに、FBIの囮捜査によって逮捕し起訴するという行為は、いわゆる冤罪《えんざい》より悪質である。なぜなら、それは逮捕したい人間を逮捕するために、事件のない所に事件をデッチ上げるからである。それは、無実の人間を無理矢理有実の人間にしてしまう点では冤罪と同じであるが、捜査当局によって作られた犯罪であり、犯罪者の犯罪よりはるかに悪質であろう。

この点で、吉村氏が逮捕される過程は、囮捜査の酷《ひど》さを具体的に理解させてくれる。吉村氏が囮捜査の不当性を正面から問題にし、無罪を主張しようとした気持ちは痛いほどよくわかる。日本でも、警察が検挙率を上げたりするために、こうした捜査手法が使われたりしているが、これまではアメリカほどには露骨ではない。むしろ、違法捜査として扱われてきた。しかし、その日本でも、「司法取引」の導入とともにそうした捜査方法が強引に行われようとしている。

しかし、吉村氏の歩みのすごいところは、無実であるという思いに引きずられることなくアメリカの連邦刑務所で己れの人間性を失なわずに貫いたことである。このことはなかなか出来ることではない。

かくいう私も、実は獄中に二七年ばかり入っていた経験がある。もっとも、私の場合は冤罪でも囮捜査によるものでもない。一九七二年二月の「あさま山荘銃撃戦」に至った「連合赤軍」という戦後の重大事件の一つに必ず取り上げられる武装闘争によるものである。罪名も殺人や強盗、爆発物取締罰則など重罪ばかりであり、起訴された件数は三一にも上る。国家権力との闘争であるから、はじめから有罪であることは承知の上である。だから、吉村氏の場合と比較することは出来ないが、日本の監獄と正面から対抗しようとしていたので、吉村氏の経験が自分のことのように実感させられる。それどころか、自分の経験と比較し、様々な思いにさせられてしまう。吉村氏の経験は、日本の監獄とアメリカの監獄の違いを具体的に理解させてくれるからである。

吉村氏も、短期とはいえ、日本の刑務所を何度となく経験していただけに、日本の刑務所とアメリカの刑務所の違いを痛いほど感じさせられていたことが、随所に書かれている。特に、

吉村はアメリカから日本の刑務所の実態に思いを馳せるとき、
〈はたして安全であるが厳しい精神責めの日本刑務所が良いのか、危険と背中あわせであるが自己の自由を尊重でき得るアメリカ・プリズンが良いのか……〉
と自問せずにはいられなかった。（P一八九）

と記されている点は、この問題の核心をついていると言って良いだろう。

日本刑務所では、信じられないほどの細々とした規則によって収容者のありとあらゆる行動が規制されているばかりか、内面の心まで縛り付けようとしている。しかも懲役という名の超低賃金の労働が休日以外の毎日科せられており、それは仕事の選択の自由のない、いわば奴隷労働と言っても過言ではないであろう。こうした日本刑務所の実態を知る者にとっては、アメリカ・プリズンでの収容者の行動の自由はほとんど信じ難いことであろう。私が特に驚かされたのは、吉村氏が収容者同士でいっしょに写《うつ》っている写真があるということであ

る。しかし、あらゆる行動の自由を奪うという日本刑務所の方が、世界的に見れば異常というこことかもしれない。

私は、刑務所という所はどの国のものであれ、その国の有り様を最も凝縮した形で表現していると考えている。というのは、刑務所は、その国の法律が最も厳格に執行されているだけでなく、犯罪自体にその国の政治や経済、習慣、風習、文化、芸術、教育などの様々な問題が絡み合っており、従って犯罪者自身にそれらが体現されているからである。だから、それぞれの国の刑務所の処遇、その刑務所に収容されている囚人たちを比較することによって、その国の傾向や特徴を極めてわかり易い形で理解させてくれるのである。

事実、「安全であるが厳しい精神責めの日本刑務所」と「危険と背中あわせであるが自己の自由を尊重でき得るアメリカ・プリズン」という規定ほど、日本とアメリカの違いを端的に言い表しているものはない。危険ではあるが自由な国、自由ではないが安全な国。どちらが良いかは一概には言えない。自由で安全な国の方が良いがそれはないものねだりかもしれない。

実は、私のかつての同志であった城﨑勉氏が、今年の一月にアメリカのテキサス州ボーモント連邦刑務所から釈放され、その後日本に強制送還され、警視庁に逮捕され、現在東京拘置所に拘留されている。彼は、かつて赤軍派に所属し、一九七一年に逮捕された後、一〇年の懲役刑で府中刑務所に服役していた。ところが、一九七七年九月の日本赤軍によるダッカ・ハイジャック闘争で「超法規的措置」によって釈放されたが、インドネシアでの一九八六年五月のジャカルタ事件（ジャカルタのアメリカ大使館と日本大使館に追撃弾が撃ち込まれた事件）の容疑者とされ、一九九六年九月にネパールで拘束された。CIAは強引に城﨑氏をアメリカに連行し、起訴した。裁判では無実を主張したものの一九九八年六月、懲役三〇年の刑を受けてボーマント連邦刑務所に服役していたのである。

その彼からの報告によると、ボーマント連邦刑務所は「刑務所の中の刑務所」と言われている特別の施設で、そこは吉村氏が最初に収容されたカリフォルニア州のロンポックUSPという連邦刑務所と同様、重罪犯ばかりが収容されていた。それでも日本刑務所と違ってはるかに多くの自由が認められていて、懲役の仕事も必ずしも強制ではないということであった。しかし、おそらくそこもまた「危険と背中あわせ」であったことであろう。

他にも、日本赤軍のメンバーとして、一九八八年ニュージャージー州で逮捕された菊村憂氏も、冤罪を主張したが、同年に懲役二一年一〇ケ月の判決を受けた。そして、コロラド州フローレンスのADX連邦刑務所に収容されていたが、二〇〇七年に釈放された。

彼らもまた、吉村氏と同じような境遇におかれることになったが、彼らがそこでどのように過ごして来たかまでは具体的に明らかにされていない。この点で、彼らが吉村氏のように明るく生き抜いてくれたことを望むばかりである。彼らからの報告、あるいは聞き取りが待たれるところである。

しかし、どこの刑務所であれ、どのような処遇であれ、そこの過酷な環境に敗けず、明るく生き抜いていくことは大切なことである。勿論《もちろん》、これは誰しも出来ることではない。むしろ、それによって人間性を歪《ゆが》められ、押し潰され、時には破壊されてしまうことの方が多い。この点で、山平氏が「あとがき」で、

吉村氏という際立った個性は、どんな最悪の状況に置かれても、これをものともせず、持ち前の陽気さを失わず、タフでしたたか、つねに前向きのプラス思考の持ち主であったことだ。


と書いている吉村氏の性格こそ、極限的な状況で最も大切なものの一つであろう。私にとっても、それは獄中二七年を乗り切っていく上で必要なものであった。

もっとも、私の場合は、「連合赤軍」という監獄の重圧に振り回されてしまうわけにはいかない課題を抱えていたこともあり、どちらかといえばあれこれ悩んでいる暇がなかったというところであろう。

吉村氏が日本に戻って来た時、出迎えに来てくれた仲間たちを前にして、

〈帰ってきた！　オレはとうとう帰ってきたんだ！〉

と思いきり胸中で叫んだとあるが、この思いは、やっかいな世界を乗り切って来た者にしか味わえないものであろう。吉村氏には、これからも「前向きのプラス思考」で生き抜いていって欲しいものである。

二〇一五年一一月五日

——元連合赤軍兵士、現在、スナックバロン経営

この作品は二〇〇八年十二月筑摩書房より刊行されたものです。

幻冬舎文庫

●最新刊
ストーリー・セラー
有川浩

妻の病名は致死性脳劣化症候群。複雑な思考をすればするほど脳が劣化し、やがて死に至る。妻は小説を書かない人生を選べるのか。極限に追い詰められた作家夫婦を描く、心震えるストーリー。

●最新刊
彼女が灰になる日まで
浦賀和宏

昏睡状態から目覚めたライターの銀次郎。謎の男に「この病院で目覚めた人は自殺する」と告げられ、調査に乗り出すが。人間の憎悪と思惑が事件を左右する、一気読みミステリー。

●最新刊
頼むから、ほっといてくれ
桂 望実

トランポリンって、やってるほうはこんなに苦しいんだ！　オリンピック出場を目指して火花を散らす五人の男。選ばれるのは一体誰だ？　懸命に生きる者だけが味わう歓喜と孤独を描いた傑作長編。

●最新刊
土の学校
木村秋則　石川拓治

絶対不可能といわれたリンゴの無農薬栽培に成功した著者が10年以上リンゴの木を、草を、土を見つめ続けてわかった自然の摂理を解説。たくさんの不思議なことが起きている土の中の秘密とは。

●最新刊
旅者の歌　魂の地より
小路幸也

兄姉と許嫁を人間に戻すため仲間と共に試練の旅に出たリョシャ。死が蔓延する冬山など幾度となく降りかかる苦難を乗り越えた先に待つのは歓喜か、絶望か。興奮と感動のエンタメ叙事詩、完結！

幻冬舎文庫

●最新刊
そして奔流へ
新・病葉《わくらば》流れて
白川 道

梨田雅之は、ある男に導かれるように魑魅魍魎が蠢く株の世界に飛び込む。負ければ地獄の修羅街道の果てに病葉はどこに辿り着くのか？ 著者急逝のため最終巻となった自伝的賭博小説の傑作！

●最新刊
やりたい事をすべてやる方法
須藤元気

格闘家、作家、俳優、ミュージシャン、世界学生レスリング日本代表監督。なぜ須藤元気は軽やかに転身し続けられるのか？ 奥深い哲学を笑いで包みながら「後悔しない技術」を綴る名エッセイ。

●最新刊
昭和の犬
姫野カオルコ

昭和三十三年生まれの柏木イク。気難しい父親と、娘が犬に咬まれたのを笑う母親と暮らしたあの頃。理不尽な毎日。でも――傍らには時に猫が、いつも犬がいてくれた。第一五〇回直木賞受賞作。

●最新刊
Y氏の妄想録
梁石日《ヤン・ソギル》

定年退職の日を迎えたY氏。だが彼を待っていたのは、社会からも家族からも必要とされないという疎外感。しかも暴力バーで七十五万円も請求され、見知らぬ老人の屋敷で白骨を見つけてしまう。

●最新刊
開店休業
吉本隆明
ハルノ宵子

母にねだった塩おにぎり、少年期の大好物焼き蓮根。食を通じて蘇る記憶はどれも鮮やかに家族の日常を浮かび上がらせる。あわせて長女ハルノ宵子が晩年の父を瑞々しく綴る、珠玉の食エッセイ。

GENTOSHA OUTLAW BUNKO

連邦刑務所《プリズン》から生還《せいかん》した男《おとこ》

FBI囮捜査《おとりそうさ》と日本《にほん》ヤクザ

山平重樹《やまだいらしげき》

平成27年12月5日　初版発行

発行人——石原正康
編集人——袖山満一子
発行所——株式会社幻冬舎
〒151-0051東京都渋谷区千駄ヶ谷4-9-7
電話　03(5411)6222(営業)
　　　03(5411)6211(編集)
振替00120-8-767643
印刷・製本—株式会社　光邦
装丁者——高橋雅之

幻冬舎アウトロー文庫

ISBN978-4-344-42427-2　C0195　O-31-23

幻冬舎ホームページアドレス　http://www.gentosha.co.jp/
この本に関するご意見・ご感想をメールでお寄せいただく場合は、
comment@gentosha.co.jpまで。